Círculo Rojo

La subasta del *Salvator Mundi*

La subasta del *Salvator Mundi*

BANKSI

Círculo Rojo
EDITORIAL

Primera edición: octubre 2024

Depósito legal: AL 3372-2024

ISBN: 978-84-1097-034-2
Impresión y encuadernación: Editorial Círculo Rojo

© Del texto: Banksi
© Maquetación y diseño: Equipo de Editorial Círculo Rojo

Editorial Círculo Rojo
www.editorialcirculorojo.com
info@editorialcirculorojo.com

Impreso en España - Printed in Spain

Capítulo 1:

La subasta

La sala Christie's de Nueva York estaba repleta. Había empezado la subasta del 15 de noviembre de 2017 y pronto le llegaría el turno al cuadro que todo el mundo esperaba: el *Salvator Mundi* perdido y atribuido a Leonardo da Vinci.

Felicia Hall era la experta en arte que dirigía la subasta. El ambiente de la sala parecía muy cargado de electricidad, como presagiando la descarga de un imaginario rayo. Un rumor de nerviosismo se contagiaba por todos los rincones. Los teléfonos se preparaban para las llamadas de última hora.

Felicia miraba de un lado a otro y adjudicaba los objetos con una frialdad sorprendente. Parecía actuar de una forma automática, sin pensar en la gran puja que poco a poco se aproximaba.

El cuadro perdido de Leonardo da Vinci fue comprado por ocho mil quinientos dólares, formando parte de un lote de objetos al vaciar los enseres de una casa en venta de Nueva Orleans. Inicialmente pensaron que se trataba solo de una copia. Pero al restaurarlo, quitando varias capas sobrepuestas, se encontraron trazos y pintura que encajaban con el posible original perdido de Leonardo da Vinci.

Lo estudiaron a fondo varios expertos en pintura medieval, pero los dictámenes se contradecían. Algunos creían ver un Leonardo, y otros se decidían por una simple copia. Durante meses estuvo expuesto en Londres, en la National Gallery, y su director de arte, Nicholas Penny, confirmó la atribución a Leonardo da Vinci.

Pero no se sabía qué podría pasar ahora. La subasta refrendaría o rebatiría la posible autenticidad del cuadro.

Cuando Felicia Hall dio paso a la entrada del óleo en la sala, un rumor cada vez más intenso hizo que la tensión adquiriese un grado que pocas veces se alcanza. Fueron unos minutos, pero parecieron interminables. Felicia se mantenía en calma. Y con solo un gesto logró atraer la atención del público. Sin saber cómo, consiguió un silencio impensable en aquella situación.

—¡Señoras y señores, se abre la subasta!

El precio de salida del cuadro era de cinco millones de dólares. Las pujas iniciales llevaban el ritmo esperado.

Felicia Hall iba cantando las pujas poco a poco, con un estilo muy profesional:

—Cinco millones al número doscientos doce.
—Cinco y medio, al número ciento treinta y siete.
—Seis, al número dieciséis, pequeña pausa…
—Siete millones, al doscientos cincuenta y cinco.
—Siete quinientos, al ciento noventa y nueve…

Y de repente sucedió algo inesperado.

—Perdonen un momento, me informan de que tenemos una llamada telefónica ofreciendo por el cuadro ¡cuatrocientos millones de dólares…!

Felicia Hall se quedó casi paralizada. ¿Había entendido bien? ¿Cuatrocientos millones de dólares?

Al cabo de un momento volvió de su ensimismamiento y recorrió con la vista a los restantes pujadores. Finalmente decidió que ya no llegarían más pujas.

—Adjudicado por cuatrocientos millones al cliente de la llamada telefónica.

Mazazo en la mesa.

Los siguientes minutos se convirtieron en un ruido ensordecedor. Todo el mundo murmuraba lo sucedido. Había sido una auténtica locura. ¡Cuatrocientos millones de dólares eran sin duda una puja absurda!

Felicia hizo una señal para que alguien la sustituyera. Estaba agotada y se sentía sin fuerzas. ¡Acababa de adjudicar el cuadro más caro de la historia!

Lo más curioso era que Felicia solo pensaba en una cosa. No era normal aquello que acababa de suceder. Las subastas no son así. Las subastas tienen sus propias leyes no escritas que las regulan inexorablemente. Pero en este caso había sucedido algo que no encajaba. Por eso Felicia no entendía nada. Solo quería averiguar qué demonios había pasado.

De pronto su jefe se acercó alborotado y la abrazó entusiasmado:

—¡Ha sido increíble, Felicia, enhorabuena! ¡Te has convertido en nuestra estrella de las subastas! ¡Te queremos!

Felicia no se atrevió a mencionarle sus sospechas con respecto a la subasta. No era el momento de buscarle tres pies al gato. Era el momento de celebrar el enorme éxito. Christie´s había ganado una comisión de cincuenta millones de dólares. La mayor que se recordaba. El precio final del cuadro era ni más ni menos que de cuatrocientos cincuenta millones de dólares, ¡una verdadera locura! Y la propia Felicia tenía una comisión muy jugosa.

Acabaron cenando todos en el Hotel Plaza y más tarde bailando en el bar de la azotea del hotel. Había sido un día para recordar. Pero Felicia a cada rato volvía a recelar de lo sucedido. No podía remediarlo. En toda su vida no había visto nada igual. La puja de cuatrocientos millones de dólares no era normal y ella lo sabía. Y no pararía hasta averiguar lo que realmente había pasado.

Capítulo 2:

El *Orient Express*

El *Orient Express* había sido en su momento el más europeo de todos los trenes. Fue inaugurado en el año 1893 por la compañía belga *Wagon Lits Cook,* y llegó a atravesar en su época dorada hasta diez naciones diferentes desde París a Estambul, siendo además el primer tren en prestar el servicio de coche cama y vagón restaurante en Europa, como antes *Pullman* lo había sido en los Estados Unidos.

En el transcurso de los años tuvo que soportar diversos percances, como, por ejemplo, dos guerras mundiales o el telón de acero, lo cual no impidió que en los años treinta llegase a ser uno de los trenes más lujosos del mundo. Sus vagones fueron fabricados con las mejores maderas por los mejores ebanistas. Pero en el año 2009, el *Orient Express* efectuó su último viaje. Aunque desde principios del siglo XXI ya solo llegaba hasta Viena.

Alex y Maggie eran dos estudiantes de la Universidad de Florida que estaban rememorando la aventura del *Orient Express* a mediados de septiembre de 2018. La idea consistía en seguir el recorrido clásico del mítico tren, pero utilizando ahora distintos trenes.

Alex lo había planeado así para celebrar con su novia la medalla de plata obtenida por él en los Campeonatos Mundiales de Vela en Arhus un mes antes en la clase cuatrocientos setenta. La medalla le aseguraba representar a su país en los siguientes juegos olímpicos y por eso ambos querían celebrarlo.

Alex y Maggie eran estudiantes de Ciencias Empresariales y Arte respectivamente en la Universidad de *South Florida,* de Miami, donde se habían conocido, y formaban una de las parejas más envidiadas del campus.

A sus veintidós años, Alex era un atleta del más alto nivel, con victorias en varias regatas representando al equipo de la universidad. Y Maggie era su mejor amiga, con la que llevaba saliendo dos años. Juntos habían planeado este viaje *Interrail* por Europa evocando la antigua ruta del *Orient Express,* es decir, de París, Lausanne, túnel Simplón, Milán, Venecia, Trieste, Zagreb, Belgrado, Sofía y Estambul.

Al no ser ya posible hacerlo en un único tren, lo hacían cambiando de tren en cada tramo. No les importaba el tiempo que les ocupase. Se sentían felices recorriendo Europa y disfrutaban de cada una de las paradas.

La idea de hacer este viaje había sido de Alex, pero fue Maggie la encargada de los preparativos. A ella le gustaba tenerlo todo bien planeado porque odiaba la improvisación. Estudiaba todo el recorrido buscando los lugares más interesantes y profundizaba en su historia. Luego hacía listas con los lugares de mayor interés.

Alex se sentía el hombre más afortunado del mundo. Maggie era la chica más hermosa que había conocido. No entendía cómo le había elegido a él. Ella valía mucho más, de eso no había duda.

Maggie era inteligente, y como diría un fotógrafo, era de esas chicas a las que «la cámara las ama». Todo en ella era perfecto: su silueta, su pelo, su sonrisa, su vitalidad y su estilo. Alex pensaba que él difícilmente podía estar a su altura. Ella era como una diosa que reunía belleza, elegancia, inteligencia y la magia tan especial que solo algunos tienen.

El tren se mecía suavemente como la cuna de un niño. El paisaje se deslizaba detrás de las ventanillas, dejando a su paso un sabor agridulce de estela. Extensos llanos con amplias praderas se iban mezclando con bosques repentinos, y a lo lejos, el río, siempre el río, como serpiente perezosa que fluye sin descanso, abriéndose paso incansablemente en busca de su destino. El tiempo parecía no tener prisa y se amoldaba a los suaves movimientos del vagón resbalando hacia los lados. Aquella sensación dejaba espacio para imaginar pequeños pueblos libres de angustias y de sobresaltos, que el tren iba dejando atrás inexorablemente. Aquel viaje era una lección de vida. Una de esas experiencias que uno no querría que nunca se acabase.

En aquel momento se estaban acercando al punto final de su viaje. Llevaban doce días desde que salieron de París y faltaban tan solo unas pocas horas para llegar a Estambul. Venían de visitar Sofía, y estaban ansiosos por llegar a la ciudad que se extiende a caballo entre dos continentes, Europa y Asia, y que abraza fraternalmente las dos grandes culturas, cristiana y musulmana.

En su compartimento viajaban seis personas, pero ellos se fijaron sobre todo en una pareja elegante, de mediana edad y que por su indumentaria parecían ser lo mejor de ambas culturas. Vestían impecablemente y, a pesar de que parecían orientales, encajaban perfectamente en cualquier ambiente cosmopolita.

Cuando el tren por fin se detuvo, los pasajeros comenzaron a bajar con ciertas prisas, solamente Alex y Maggie se movían despacio, se desperezaban con calma, estirando sus músculos entumecidos mientras iban recogiendo todo su equipaje.

Y se fueron quedando solos los dos, cargando sus mochilas, y fue entonces cuando vieron un portafolio olvidado en el estante superior del compartimento. Comprobaron que se trataba de un portafolio en muy buen estado y decidieron llevárselo para buscar al dueño y devolvérselo. Pensaron que podía pertenecer a la pareja elegante de su compartimento, pero en ese momento vieron que la pareja estaba subiéndose a un taxi y no les daba tiempo de alcanzarles, por lo que decidieron llevarse el portafolio a su hotel y con calma localizar más tarde a los dueños.

Llegaron al hotel en el barrio de Gálata y subieron directos a su habitación, que estaba en un quinto piso y tenía unas vistas magníficas sobre el *Cuerno de Oro*.

Era un día reluciente, soleado y con la atmósfera limpia, lo que hacía que la ciudad luciera increíblemente hermosa. Y una vez instalados, abrieron el portafolio para ver si constaba el nombre del propietario o alguna dirección, pero solo encontraron dentro tres dosieres con documentos. En uno de ellos había una solicitud con el nombre del solicitante, que se llamaba Jamal Khashmangi. En internet encontraron sus datos. Era sin duda el miembro masculino de la pareja de su tren. Comprobaron que se trataba de un periodista saudí, pero no constaba ninguna dirección.

Ambos tenían unas ganas terribles de salir a dar una vuelta para disfrutar del magnífico día. Maggie quería visitar el palacio de Topkapi, así como las dos mezquitas, Santa Sofía y la mezquita

Azul. Salieron a recorrer la ciudad y enseguida supieron que Estambul superaba claramente todas sus expectativas.

Aquel viaje por Europa había resultado mucho mejor de lo que hubieran podido imaginar. Pero esta última parada superaba sin duda a todas las demás juntas. Aquellas calles llenas de vida y de colores. Las siluetas de ambas mezquitas y de los palacios. El estrecho del Bósforo, con sus enormes puentes intercontinentales. El *Cuerno de Oro*, que no es más que un brazo de mar a la orilla del cual se concentran las mejores joyas arquitectónicas. El gran bazar, lleno de olores y colores. Toda la ciudad es un hervidero de esencias y artesanía. Es el choque implacable de las dos grandes culturas, así como de la modernidad contra la tradición más popular.

Por mucho que quieras evitarlo, la ciudad te va atrapando en sus redes, con sus paisajes cambiantes, unas veces brumosos y otras, luminosos, pero siempre rebosantes de vida y alegría, que parecen celebrar el cíclico paso de las estaciones.

Al visitar Santa Sofía, un guía espontáneo se les acercó y se les ofreció para narrarles las características del templo y todas sus vicisitudes. Les sorprendió que los minaretes fueran en realidad torres de refrigeración que actúan como entradas de aire fresco al perímetro inferior del templo, y en la parte superior de la cúpula existe un óculo por donde se expulsa el aire caliente viciado. De esta forma se consigue una renovación total del aire interior por simple y pura termodinámica.

Es decir, tanto Santa Sofía como las otras mezquitas bizantinas están climatizadas de forma natural desde el siglo IX, es decir, diez siglos antes de existir la electricidad. El guía espontáneo consiguió que la visita resultase mucho más interesante de lo que hubiesen podido imaginar. Bastó con darle diez dólares y el hombre quedó sobradamente agradecido.

Siguieron su peregrinaje por los monumentos más memorables. Recorrieron el gran bazar, muy cerca del cual encontraron un restaurante tradicional que resultó perfecto para lo que ellos buscaban. Al ser una ciudad tan fotogénica, Alex y Maggie no paraban de disparar sus cámaras. Era como si quisieran apoderarse del alma de Estambul y llevársela consigo para rememorar en el futuro todos aquellos sentimientos que el lugar les generaba. Podían perderse por cualquier rincón. Podían pasear hasta hartarse. Pero aquellas sensaciones tan intensas nunca se perdían. Porque perduraban inexorablemente como un anhelo interminable. Cuando por fin llegaron al hotel, se sentían la pareja más feliz del mundo, y de una cosa estaban seguros, nunca olvidarían aquel viaje, ni tampoco la ciudad que se desparrama entre dos continentes.

Capítulo 3:

El Cuerno de Oro

Alex y Maggie paseaban despacio por la orilla del *Cuerno de Oro.* *Llevaban un rato caminando y en cada rincón se sorprendían. Un jardín rebosante, un torreón indiscreto, una ermita diminuta,* y de repente se encontraron ante un pequeño puerto deportivo.

Alex adoraba los barcos, sobre todo los veleros, y Maggie le secundaba en todos sus caprichos y se dejaba contagiar por su entusiasmo.

Entraron en el puertecito y fueron recorriendo todo el muelle hasta un faro en su extremo junto a la bocana. Regresaban despacio cuando vieron en uno de los barcos un cartel bilingüe, en inglés y en árabe, en el que buscaban un marinero.

Alex entró por la pasarela del barco y llamó la atención del único ocupante:

—¿Necesita un marinero?
—Lo necesito urgentemente. Pasado mañana llega un cliente ruso que ha alquilado mi barco toda la semana.

—¿Cuánto paga por la semana?

—Mil dólares…, aquí eso es una fortuna. ¿Qué me dices?

Alex miró a Maggie de reojo. Ella sabía perfectamente lo que él estaba pensando y le hizo un gesto de asentimiento.

—¿Aceptaría a dos marineros por el precio de uno?

—¿Tu amiga también se apunta?

—Creo que estará encantada de ayudar.

—Venid mañana por la mañana y prepararemos el barco. Yo tengo que hacer las compras para toda la semana y será un día muy largo.

El barco era un hermoso velero de dieciocho metros llamado *Blue Melody*, con cuatro camarotes y un salón comedor con cocina. Era todo de madera noble y estaba en muy buen estado. Parecía hecho para navegar sin esfuerzo. Tenía un motor de gasoil y las velas automáticas, lo que facilitaba el trabajo.

Alex preguntó que cuál sería el destino, y el patrón le dijo que irían hasta las ruinas de Troya en los Dardanelos. Al parecer, el cliente ruso era un profesor que admiraba al arqueólogo alemán Heinrich Schliemann, descubridor de Troya, y quería visitar sus ruinas llegando a ellas desde un barco.

Se dieron la mano, intercambiaron fotos de los pasaportes y de los números de teléfono, y se citaron para las diez de la mañana del día siguiente en el barco.

Al llegar al hotel, Alex y Maggie se miraron. Se sentían como dos niños que hubiesen hecho una travesura. Habían alargado una semana más sus vacaciones de improviso, lo que les obligaba a cambiar sus vuelos de regreso. Pero la idea de visitar las ruinas de Troya iba a ser la guinda final de su viaje por Europa.

Estaban cansados de caminar por la ciudad y cenaron únicamente unos yogures. Sus estómagos poco acostumbrados a la comida muy condimentada necesitaban recomponerse, y un poco de ayuno era lo adecuado en aquellos momentos.

Maggie se acordó entonces otra vez del portafolio extraviado. No habían buscado aún al dueño y tenían que devolverlo. Ella volvió a abrir aquella cartera y repasó nuevamente uno por uno cada documento.

Dentro del portafolio había tres carpetillas, cada una con una letra escrita con rotulador azul en la portada. Una carpeta con la letra P, otra con una T y la última con una S.

En cada carpeta había una serie de papeles, recortes de periódicos y fotografías. Todo hacía pensar que Jamal Khashmangi estuviese investigando varios temas.

En la carpeta con la letra P abundaban los pantallazos impresos con mensajes del mes de octubre de 2016. Eran noticias falsas sobre Hillary Clisson durante la campaña presidencial de aquel año. La acusaban de haber urdido tramas para deshacerse de sus rivales políticos por medios horribles. Todo era claramente una campaña organizada para pervertir las elecciones en favor de su rival, el republicano Daniel Tropp.

Maggie pensó que el periodista saudí probablemente investigaba el origen de esa campaña tan bien orquestada y tan desleal.

En la carpeta T había un lote de fotografías de unas *misses* del concurso de Miss Mundo. También contenía recortes de periódico con noticias explicando que un abogado del presidente Daniel Tropp había pagado doscientos mil dólares a una de las *misses* para que no hablara de su supuesto flirteo con el recién electo presidente. Pero lo que más le llamó la atención fue una fotocopia escaneada de una transferencia realizada desde un banco de Arabia Saudí a una empresa de Panamá llamada *Florida Holidays,* cuyo importe era de nada más y nada menos que de cuatrocientos cincuenta millones de dólares, con fecha del 15 de noviembre de 2017. Khashmangi pudo tener un amigo dentro del banco que le pasara esta información. Parecía ser una investigación sobre *Florida Holidays* de momento inacabada.

En la carpeta S había un montón de fotos de helicópteros de combate americanos. Las fotos no eran muy buenas. Parecían helicópteros en plena batalla sobrevolando edificios en ruinas. Pero lo más sorprendente de todo era una foto del cuadro de Leonardo da Vinci, *Salvator Mundi*, subastado el año anterior en Nueva York por cuatrocientos cincuenta millones de dólares. Y un artículo en el que se indicaba que el subastador era un tal Eugeni Rybolovlev y el comprador parecía ser el príncipe saudí Bin Solimán.

Este era otro tema periodístico que Khashmangi también podía estar investigando. Pero Maggie no encontró ninguna información que permitiera contactar con el periodista saudí, y al comprobar que Alex dormía profundamente, ella guardó otra vez todos los papeles en el portafolio y se acostó a su lado. Mañana sería un día de mucho trabajo y ambos necesitaban un buen descanso.

Pero a Maggie le costó dormirse. Aquellos papeles del portafolio no dejaban de darle vueltas en la cabeza. Le costó un buen rato, pero finalmente Maggie consiguió quedarse muy profundamente dormida.

Capítulo 4:
Los dosieres

Felicia Hall estaba estudiando detenidamente todo el dosier del *Salvator Mundi* recién subastado. Buscaba cuál podría ser la causa de que aquella subasta le resultase tan extraña. Vio que el cuadro pertenecía a un tal Eugeni Rybolovlev, oligarca ruso que decidió venderlo. El comprador parecía ser el príncipe heredero saudí Bin Solimán. Tampoco se sabía si lo compraba en nombre propio o para una institución.

Felicia abrió su ordenador portátil y buscó a Eugeni Rybolovlev. Al parecer era el presidente de una empresa minera rusa muy ligada al petróleo. Estaba entre los rusos que más se habían enriquecido en los últimos quince años. Pero no había nada más que pareciese interesante, salvo una fotografía de Rybolovlev junto al presidente Vladimir Poulev en un acto de recogida de fondos para veteranos de guerra.

A continuación, buscó a Bin Solimán: príncipe heredero saudí de treinta y nueve años, presidente accidental por la enfermedad de su padre el rey. Había muchas noticias recientes que exponían que el tal Bin Solimán había exigido a muchos saudíes poderosos sumas importantes de dinero para financiar la guerra del Yemen.

También explicaba que había realizado una purga feroz contra los saudíes que no habían querido financiar la guerra. Cientos de personas, así como muchos disidentes, se habían visto obligados a exiliarse de Arabia lejos de su alcance. Y entre ellos destacaba el periodista opositor Jamal Khashmangi.

Felicia continuaba leyendo, pero no encontraba nada en todo aquello que le resultase esclarecedor. Nada parecía tener relación con el famoso cuadro. Y comenzó a sentirse mal. No podía estarse quieta, cualquier cosa le molestaba. Le pareció que nunca se había obsesionado tanto con la subasta de un cuadro. Pero es que esta había sido absurda y no solamente la más onerosa.

Al llegar a su casa se encontró a su marido Charles Benson, reportero de *The New York Times*, tomando un *whisky* sentado delante del televisor. Felicia le interrumpió y empezó a hacerle preguntas sobre Rybolovlev y Bin Solimán.

El marido, un poco cansado de tanto interrogatorio, le pidió calma. Él tampoco sabía nada relacionado con aquella subasta. Tenían que tranquilizarse y esperar acontecimientos. Eso era todo lo que podían hacer por ahora. Pero Felicia no podía evitarlo. Seguía nerviosa y nada la calmaba. Ni siquiera el *whisky* que le había servido su marido.

Ella estaba segura de que detrás de aquella extrañísima puja de cuatrocientos millones de dólares había algo muy raro. Algo que ella no lograba entender, pero que no dejaría de investigar hasta aclararlo. Se juró a sí misma que lo haría. Y de eso estaba segura.

La mente de Felicia continuaba como en un bucle, y no conseguía relacionar todos aquellos datos, ni encontrar una explicación. Esto la inquietaba y la angustiaba sin poder evitarlo.

¿Qué podía tener que ver un príncipe saudí con un oligarca ruso?

¿Quién estaba tan seguro de la autenticidad del cuadro como para desembolsar por él el mayor precio de la historia, realizando además una puja absurdamente alta además de innecesaria?

Tenía que averiguar muchas cosas más, pero le faltaban datos. Y para el colmo, su marido no la ayudaba para nada, por lo que ella se sentía del todo incomprendida. Tampoco se veía capaz de convencerle de que investigara el tema más a fondo. Porque aquello, tarde o temprano, de una forma o de otra, lo tenían que aclarar.

Felicia apuró el último trago y se marchó sin cenar. Le dieron ganas de encerrarse sola en su cuarto. Y a su marido ni siquiera le dio las buenas noches.

Charles Benson, que conocía bien a su esposa, aquella noche se fue directamente al cuarto de invitados. En ese momento era mejor algo de distancia durante un tiempo antes que seguir con aquella sarta de reproches, que él sabía que no les conducía a ninguna parte.

Capítulo 5:

El Blue Melody

Alex y Maggie habían dejado como nuevo al *Blue Melody*, que estaba resplandeciente. Sus dos mochilas reposaban ya en uno de los camarotes, y cuando llegó el patrón, que se llamaba Giorgio y era griego, no pudo negar que todo se encontraba en perfecto orden. Se notaba la mano de Maggie, a la que le gustaba tener cada cosa en su sitio.

Esa noche la pasaron ya en el barco, esperando a la excursión del día siguiente. Giorgio era muy previsor. Había pensado en todo lo necesario para pasar una semana en el barco. Repuestos de todo tipo, comida, bebidas, todo ello pensando en los posibles gustos de su cliente, el profesor ruso. Incluso compró medicinas. Había que ser previsor. Los capitanes de barco son los que más caro pagan sus imprevisiones.

Por la mañana, antes de lo esperado, apareció el profesor, que se presentó diciendo su nombre: Boris Naumenkov. Era catedrático emérito de la Universidad Estatal de San Petersburgo, y hablaba un inglés muy correcto. Alex le ayudó a bajar el equipaje a la sala y le indicó cuál era el camarote que le habían reservado.

Por otro lado, Giorgio anunció que todo estaba listo para partir hacia los Dardanelos. El profesor Naumenkov exclamó:

—¡Adelante, capitán!

Y sin más demora, se iniciaron las operaciones de soltar amarras.

El *Cuerno de Oro* es un brazo de mar usualmente en calma. Por lo que el *Blue Melody* se deslizaba por el agua con delicadeza. El profesor, un arqueólogo reputado, aprovechó la bonanza para explicarles que se estaba documentando para escribir una extensa biografía novelada de Heinrich Schliemann, el famoso arqueólogo alemán descubridor de Troya. A Maggie, estudiante de arte, le gustaba la historia y había sido una apasionada lectora de la *Ilíada*. De modo que la conversación enseguida se tornó amena y fluida.

Naumenkov les siguió contando que la historia de la antigüedad dio un vuelco enorme con el descubrimiento de Troya. Hasta entonces se creía que la *Ilíada* era simplemente un relato de pura fantasía.

Pero cuando un arqueólogo novato y poco respetado como Heinrich Schliemann descubrió en 1870 las ruinas de Troya, no tuvieron más remedio que cambiar totalmente la versión oficial, y con ello reconocer que el poema en versos hexámetro dactílicos de Homero estaba basado en hechos reales. Troya había existido y la habían arrasado.

El *Blue Melody* entró al poco tiempo en el mar de Mármara, y se empezó a notar en el oleaje. El plan de viaje era navegar hasta la pequeña isla de Avsa Adasi, junto a la isla de Mármara, y pernoctar allí en el propio barco. En la isla había un hotel, por si alguien prefiriese dormir con mayor comodidad, pudiese hacerlo. Y al día siguiente continuarían hasta Canakkale, donde dejarían el barco en el puerto y alquilarían un todoterreno para acceder hasta las ruinas de Troya y su museo cercano.

El mar continuaba tranquilo y esto les permitió seguir charlando animadamente. El profesor les explicó que la madre de Heinrich Schliemann desde muy pequeño le recitaba cada noche versos de la *Ilíada* al acostarle. Y de ese modo, Schliemann, años más tarde, era capaz de recitar el poema completo de Homero de memoria. El niño se enamoró de la historia de Troya y se obsesionó con ella. Todo lo heleno le gustaba y comenzó a estudiar griego antiguo.

Empezó a trabajar desde muy joven como ayudante en una tienda, y en muy poco tiempo captó del todo la esencia del mundo de los negocios. Así llegó a ser el dueño de un banco a los treinta años, que a sus treinta y siete decidió vender por una gran suma, y pudo dedicar el resto de su vida a encontrar las ruinas de Troya, tal y como siempre había soñado, basándose exclusivamente en las descripciones del poema homérico.

Schliemann se trasladó a Grecia con esa intención y, al llegar, lo primero que hizo fue poner un anuncio en la prensa para buscar una esposa griega. Contestaron al anuncio varias mujeres jóvenes, y él eligió a la hija de un catedrático griego de historia antigua, a la que puso el nombre de Antígona. Toda una premonición de lo que haría más tarde con sus dos hijos, Ifigenia y Agamenón.

Después de varios intentos infructuosos para conseguir el permiso para realizar excavaciones arqueológicas en Turquía, decidió excavar mientras tanto en Micenas, donde tuvo la enorme suerte de encontrar el *tesoro de Menelao*, lo cual le dio muchísima fama, a pesar de que todos los arqueólogos importantes seguían ninguneándole. Por fin Schliemann obtuvo los permisos de excavación en Turquía y pudo desplazarse a la otra orilla de los Dardanelos.

Tras explorar varios posibles emplazamientos, eligió la colina de Hisalrik que otros arqueólogos habían dejado de lado. Y no solo encontró las ruinas de una ciudad, sino las de diez ciudades más, todas ellas superpuestas.

Schliemann dictaminó que la llamada Troya número siete era probablemente la que se correspondía con el relato de Homero.

El resto de la excursión fue muy plácido. Maggie sintonizaba del todo con el profesor y se hicieron grandes amigos. Intercambiaron correos electrónicos, números de teléfono, y siguieron escuchando atentamente al catedrático, al que no paraban de bombardear con continuas preguntas.

Así llegaron a la pequeña isla de Avsa Adasi, junto a la isla de Mármara, que resultó ser un auténtico remanso de paz, además de la preferida de Giorgio. La noche fue tremendamente plácida y gratificante. Al día siguiente navegaron hasta Canakkale, donde llegaron ya anocheciendo y durmieron en el barco. Por la mañana alquilaron un *jeep*, con el que se desplazaron hasta el famoso yacimiento.

Las ruinas de Troya resultaron ser espectaculares, y su museo, una completa maravilla, con elementos y objetos de todo el mundo antiguo. Allí pudieron disfrutar largamente de las explicaciones y de los detalles que el profesor iba poniendo de relieve.

En el viaje de regreso, Maggie le preguntó al profesor si sabía algo de un tal Rybolovlev.

Al profesor, la pregunta le sorprendió:

—¿De qué conoces tú a uno de los mejores amigos del presidente Vladimir Poulev?

—Parece ser que el tal Rybolovlev subastó el *Salvator Mundi* perdido de Leonardo da Vinci en la galería de arte Christie's de Nueva York, en noviembre del año pasado, y el cuadro resultó adjudicado en cuatrocientos cincuenta millones de dólares.

El profesor comentó:

—Has de saber que el presidente Poulev ha construido un palacio versallesco junto al mar Negro en Crimea. Utiliza siempre amigos suyos como testaferros. No te sabría decir si Rybolovlev puede ser uno de ellos.

Una vez de regreso en Estambul, Alex y Maggie se despidieron del profesor muy efusivamente, lo mismo que de Giorgio, que les pagó lo acordado. Y regresaron a su hotel para descansar un poco. Al día siguiente tenían un vuelo transoceánico y necesitaban descansar.

Pero al llegar al hotel, Alex se sentó en la cama y encendió el televisor. Puso las noticias de la CNN, que no paraban de hablar una y otra vez de una única noticia:

«El periodista disidente saudí Jamal Khashmangi había desaparecido en el interior de la embajada de Arabia Saudí en Estambul, y su prometida, que le había acompañado hasta la puerta de la embajada, decía que, desde que Khashmangi entró allí, ya no se sabía nada más de su paradero».

La policía turca tenía las imágenes de un cuerpo de élite saudí entrando en la embajada. Al cabo de unas horas, las imágenes de una furgoneta saliendo de la misma. Y, al parecer, los saudíes habían vuelto a tomar sin demora un vuelo de regreso a su patria.

Alex avisó entonces muy excitado a Maggie para ponerla al corriente del aquel notición. ¡El tal Khashmangi era el propietario del portafolio del tren! ¡No había duda!

La novia de Khashmangi, que fue reconocida por Maggie al instante, declaraba que su novio había entrado en la embajada solo para recoger la documentación necesaria para poder casarse con ella, y ya no se sabía nada más de él.

Esta desaparición era muy sospechosa. Uno de los saudíes que entraron en la embajada fue reconocido como uno de los hombres de confianza del príncipe heredero Bin Solimán.

Maggie no daba crédito a lo que estaba viendo. Todo aquello era demasiado fuerte. Se sospechaba que habían sacado el cuerpo troceado del periodista saudí en una furgoneta y lo habían hecho desaparecer.

Por mucho que quisiera, Maggie no podía parar de ver aquellas imágenes una y otra vez. Algo así como cuando dos aviones chocaron contra las Torres Gemelas de Nueva York hasta producir su derrumbamiento. Maggie necesitaba hacer algo para dejar de mirar. Pero la cabeza no paraba de darle vueltas y más vueltas y no lograba apartarse del televisor.

Capítulo 6:

El portafolio

Entonces Maggie abrió nuevamente el portafolio de Khashmangi y le mostró a Alex las tres carpetas con documentos, y juntos volvieron a repasar todo su contenido con detenimiento.

Las falsas noticias contra Hillary Clisson durante la campaña electoral, la transferencia de cuatrocientos cincuenta millones de un banco saudí a una cuenta en Panamá de la empresa *Florida Holidays*, las fotos de helicópteros de combate americanos y las de las *misses* del concurso de Miss Mundo, un oligarca ruso subastando un cuadro de origen dudoso, y la extraña puja de cuatrocientos millones de dólares realizada sin venir a cuento por un príncipe saudí.

Y ahora se sumaba a todo eso la desaparición del periodista disidente saudí Jamal Khashmangi que lo estaba investigando.

De pronto, Maggie comenzó a relacionar cada dato encajándolo como en un juego, y empezó a ver claro lo que estaba pasando. Consiguió juntar una a una todas aquellas piezas y las fue engranando como si se tratase de un extraño *puzzle*, hasta llegar a una más que probable conclusión.

Según Maggie, la carpeta P hacía referencia al presidente ruso Poulev, y Khashmangi sospechaba que unos *hackers* rusos habían perpetrado la campaña de difamación contra Hillary Clisson en beneficio del presidente Daniel Tropp, probablemente por la amistad que unía a ambos presidentes.

La carpeta T correspondía al presidente Tropp y a su flirteo con una *miss,* y su implicación en *Florida Holidays,* así como con la transferencia de cuatrocientos cincuenta millones de dólares desde Arabia Saudí a Panamá, realizada durante una guerra abierta en Yemen, y con ventas de armas americanas a Arabia Saudí por en medio.

La carpeta S se refería al príncipe Solimán, con las fotos de helicópteros norteamericanos vendidos a los saudíes que podían generar facturas asombrosas, y, por qué no, a una empresa de intermediación radicada en Panamá, y finalmente una altísima oferta por un cuadro absurdamente fuera de lugar.

Pero ahora venía lo mejor, Maggie había ido encajando aquellos datos, y, según ella, la venta de armas y helicópteros americanos a Arabia pudo ser por novecientos millones de dólares.

Daniel Tropp tenía además una deuda previa con Vladimir Poulev pendiente de pago por su ayuda por medio de *hackers* en las elecciones, y que no le convenía pagar directamente.

Poulev le había pedido entonces a Tropp que simplemente comprase el cuadro de Leonardo da Vinci en la subasta de la casa *Christie's* ofreciendo por él cuatrocientos millones de dólares.

Y Tropp le había pedido a Bin Solimán que dividiese en dos partes el pago por las armas. Un pago de la mitad para *Florida Holidays,* y la otra mitad ofreciéndola por el cuadro en la subasta.

De esta forma, Daniel Tropp saldaba la deuda con Poulev sin que le pudiesen implicar o investigar por aquella extraña puja.

Alex se quedó asombrado. La teoría de Maggie encajaba a la perfección. Aunque, a la vez, todo aquello podía resultar falso.

Alex pensó que aquella preciosísima chica tenía además una inteligencia poco común. Después de un rato pensó en llamar al viejo profesor ruso para saber qué opinaba él de todo esto. Pero Maggie le dijo que no debían fiarse. Había demasiados rusos que idolatraban a Vladimir Poulev. Lo del palacio versallesco en Crimea podía haber sido solo una información anzuelo para provocar en ellos una cierta relajación y un exceso de confianza. Así que ella creía peligroso llamarle y ponerle al corriente sin tener suficientes garantías.

Maggie propuso en cambio llamar a un amigo de su padre, que se llamaba Charles Benson y que trabajaba en *The New York Times* como redactor. Él seguro que sabría lo que convenía hacer con los papeles de Khashmangi. Alex estuvo de acuerdo y llamaron al padre de Maggie para que les diera el número de teléfono de Benson.

Después de los obligados saludos y de dar extensos detalles de todo el viaje, el padre de Maggie por fin les pasó por *WhatsApp* el número de teléfono de Charles Benson.

Y cuando Maggie, minutos más tarde, le expuso a Benson todas sus teorías sobre la sorprendente situación, este les pidió que le enviasen urgentemente el portafolio completo con todos los papeles originales de Khashmangi a las oficinas del periódico a su nombre. Él los estudiaría a fondo y vería qué se podía hacer con toda esa información.

Antes de realizar el envío, Alex sugirió a Maggie escanear todos los papeles de Khashmangi para no olvidar nombres ni fechas.

Decidieron que los guardarían en sus ordenadores portátiles, y a continuación le enviarían a Charles Benson el portafolio completo con los documentos originales por servicio urgente.

Así que bajaron a la recepción del hotel, donde les permitieron estar un rato escaneando todo el material, que luego enviaron primero a sus propios correos electrónicos y, a continuación, se dirigieron a una oficina de paquetería urgente y enviaron el portafolio completo a Nueva York con todos los documentos originales incluidos.

Aquella información implicaba a los dos hombres más poderosos del mundo. Era por tanto una auténtica bomba informativa. El público merecía conocer estos tejemanejes de los políticos en temas electorales. El juego sucio es contrario por naturaleza a los regímenes democráticos, y las *fake news* son simplemente una pura perversión del juego electoral.

Capítulo 7:
Charles Benson

Al día siguiente, Charles Benson abría el paquete urgente que estaba esperando. Dentro encontró el famoso portafolio y sin demora empezó a analizar todos los documentos. No tardó mucho en comprobar que las suposiciones de Maggie eran perfectamente plausibles. El asesinato de Khashmangi así parecía confirmarlo.

A continuación, Benson fue al despacho de su jefe de redacción, Max Hoffman, y le enseñó los documentos de Khashmangi. Los repasaron uno por uno y nuevamente ambos llegaron a la misma conclusión que Maggie.

Charles Benson le propuso a Hoffman publicar todo aquello con todo detalle. Pero el jefe de redacción, Max Hoffman, formaba parte del cincuenta por ciento de norteamericanos partidarios del presidente Daniel Tropp, por lo que le dijo a Benson que guardaría los documentos y que pensaría en la forma en que se pudieran publicar sin peligro de sufrir una demanda.

Pidió a Benson que continuase con la investigación, pero de momento no publicarían nada hasta conocer los riesgos que la publicación pudiese causarles. Según Hoffman faltaban pruebas contundentes.

Cuando Benson salió de aquel despacho, Max Hoffman llamó sin demora al secretario de prensa de la Casa Blanca y le puso al corriente del hallazgo del portafolio con los documentos y de las sospechas de Benson.

Y a las pocas horas, Max Hoffman se bajaba de un avión en Washington y se dirigía directamente a la Casa Blanca con el portafolio de Khashmangi bajo el brazo.

El jefe de prensa de la presidencia estudió detenidamente con Hoffman todos aquellos documentos del periodista saudí asesinado. Juntos fueron analizando minuciosamente aquellos papeles y decidieron que sería mejor enviarlos al Pentágono. Allí sabrían qué hacer con ellos. Sin duda eso era lo mejor.

Mientras tanto, Charles Benson llegaba corriendo a su casa, donde su esposa Felicia Hall le estaba esperando con toda la impaciencia del mundo. Él, por *WhatsApp*, le había adelantado que tenía noticias que podían aclarar la extraña subasta del cuadro de Leonardo. Rápidamente, Benson puso al corriente a Felicia con todo detalle de las sospechas de Maggie muy fundadas de que la puja por aquel cuadro podía haber sido consecuencia de un pago por la venta de armas americanas a Arabia Saudí, así como de un extraño cambalache para ocultar un pago de Daniel Tropp a Vladimir Poulev por la ayuda en la campaña electoral mediante *fake news*.

Felicia no daba crédito. Aquello era muy fuerte, y mucho peor de lo que ella hubiese podido imaginar. Pero a la vez encajaba con la absurda subasta innecesaria.

El jefe de prensa de la Casa Blanca informó al presidente Daniel Tropp de cómo estaba la situación con respecto a los documentos del periodista saudí asesinado, así como del portafolio recibido por el reportero Charles Benson y todo lo que implicaba.

El presidente escuchó atentamente las explicaciones, y en cuanto el jefe de prensa de la presidencia salió del despacho oval, se produjo en ese famosísimo despacho una llamada de muy, pero que muy larga distancia…

Capítulo 8:
Volando de regreso

A la mañana siguiente, Alex y Maggie volaban de regreso desde Estambul a Atlanta. Ambos continuaban ansiosos de ver cómo se desarrollaba la noticia, que era un auténtico bombazo. El vuelo se les hizo eterno. Ya en el aeropuerto de Atlanta, nada más aterrizar, corrieron a comprar *The New York Times* y *The Washington Post*.

Pero para su sorpresa ninguno de los dos periódicos mencionaba nada sobre los papeles del portafolio de Khashmangi. La única noticia de primera plana era la del asesinato de un periodista de Nueva York al salir de su casa:

«El periodista Charles Benson al salir de su casa había recibido un disparo en la frente y había muerto al instante. Llevaba veinte años formando parte de la redacción del *The New York Times*. Además, era el marido de la famosa experta en arte y en subastas Felicia Hall. No se sabía con exactitud desde dónde le habían disparado, pero todo parecía indicar que había sido desde la azotea del edificio de enfrente. El tirador había huido sin dejar rastro». Eso era todo.

Alex y Maggie se quedaron estupefactos. No se lo podían creer.

¡Un segundo periodista había sido asesinado mientras investigaba aquello que ellos dos sospechaban!

Pero no tenían ni idea de cómo podía haber llegado a ocurrir algo así ni cómo se había podido producir.

Porque, ¿quién más estaba al corriente? ¿Quién actuaba con semejante prepotencia?

Alex miró de frente a Maggie y le confirmó lo que ella ya sospechaba. También ellos dos estaban en peligro. A partir de ese momento solo podían hablar con personas de su total confianza. Pero lo mejor sería no hablar absolutamente con nadie hasta que todo aquello se aclarase y no hubiese más riesgo.

Dos días más tarde, Maggie y su padre asistían al entierro de Charles Benson en Nueva York. Estaban junto a la viuda, Felicia Hall, en un inmenso jardín que conformaba un hermosísimo cementerio. El día era lluvioso y los periodistas deambulaban en busca de una foto de portada. Un círculo de amigos rodeaba a Felicia Hall. Nadie comprendía lo que podía haber pasado.

Los acontecimientos se precipitaban. Dos periodistas asesinados por los documentos de un portafolio. Aquello era inconcebible. ¿Cómo había podido suceder algo así?

La ceremonia fue larga y tediosa. El tiempo no acompañaba, llovía torrencialmente. La tristeza se iba contagiando a todos los presentes. Una sensación de impotencia quedó patente en todos los discursos. Nadie estaba de humor. Los compañeros de Benson en el periódico no sabían nada del portafolio. Ni por tanto de las teorías de Maggie. Por lo cual, todo aquello les parecía absurdo y sin explicación posible.

El padre de Maggie era uno de los mejores amigos de Charles Benson desde los años juveniles de la Universidad, y al finalizar la ceremonia, junto con varios amigos comunes, acompañaron a Felicia yendo todos a su casa.

Llegaron cansados de esperar tanto rato bajo la lluvia, que no había cesado ni un momento. Habían sido tres horas muy duras bajo una tormenta inmisericorde y con las emociones a flor de piel, cosa que martilleaba los cerebros de todos los presentes.

Era difícil encajar una situación como esta, tan injusta, tan absurda, tan arbitraria y tan traumática. Les parecía imposible recuperar la paz y el sosiego. Las cosas parecían tambalearse a su alrededor.

Una vez en casa, ya más calmados, Felicia le preguntó a Maggie que quién era el tal Jamal Khashmangi y qué era lo que estaba pasando.

Maggie le explicó con toda la calma del mundo, para no alterar demasiado a Felicia, que el tal Jamal Khashmangi era un famoso periodista saudí exiliado que investigaba la relación entre las ayudas del presidente Vladimir Poulev a Daniel Tropp en la campaña electoral de 2016 mediante *hackers* rusos difamando con *falsas noticias* a Hillary Clisson, y que también investigaba las ventas de armas norteamericanas al reino de Arabia Saudí, realizadas a través de una compañía de intermediación radicada en Panamá llamada *Florida Holidays,* y así mismo investigaba la extraña puja por el *Salvator Mundi* atribuido a Leonardo da Vinci por una cantidad disparatada.

Todo aquello parecía indicar que Vladimir Poulev le había pedido a Daniel Tropp que ofreciese una puja de cuatrocientos millones de dólares por el cuadro perdido de Leonardo. Tropp, por su lado, le pidió a Bin Solimán que separase una parte del precio de las armas y que ofreciese en la subasta cuatrocientos millones por el cuadro, tal como les pedía Poulev, y el resto, descontando la comisión de *Christie's*, lo transfiriese a la compañía radicada en Panamá llamada *Florida Holidays*.

De esta forma, Daniel Tropp no aparecería como comprador del cuadro de Leonardo y evitaba así posibles investigaciones muy delicadas y difíciles de justificar ante los medios de comunicación estadounidenses.

Todo aquello parecía muy rocambolesco, pero los documentos de Khashmangi apuntaban en esa dirección y le habían asesinado. Al igual que a Charles Benson, que solo había recibido el portafolio, lo había estudiado a fondo, y no se entendía muy bien cómo, pero también le habían asesinado.

Estos dos asesinatos parecían reforzar las teorías de Maggie. Alguien había averiguado que la información recibida por Benson era explosiva, y la había ido transmitiendo hasta llegar a alguien capaz de encargar a un tirador profesional de élite que le tirotease. Parecía que alguien quería tapar aquella información a cualquier precio. Pero Maggie de momento no tenía ni idea de cómo había sucedido todo, ni cómo podía investigarse, ni quién estaba detrás.

Porque… ¿quién podía estar detrás de un crimen como este, tan prepotente y tan fríamente calculado? ¡Nadie lograba entenderlo!

Ahora lo que convenía era recomponerse con calma y más tarde ir poco a poco tirando de la manta sin levantar sospechas hasta dar con los verdaderos culpables.

No podían exponerse ante asesinos profesionales sin escrúpulos. Cualquier información sobre el caso implicaba peligro.

Felicia no tenía hijos. Vivía sola con su marido. Y todos los amigos se fueron yendo poco a poco de su casa. Entonces, Felicia les pidió a Maggie y a su padre que se quedasen con ella como mínimo hasta el día siguiente. No quería quedarse sola en la casa en aquellos momentos. Los acontecimientos la abrumaban de una forma tan brutal que le resultaban insoportables. Y sabía que no podría dormir en absoluto en aquellas condiciones. El hecho de quedarse sola le resultaba muy angustioso.

Mientras tanto, el jefe de prensa de la Casa Blanca llamaba otra vez al redactor jefe del *New York Times*, Max Hoffman, para preguntarle si sabía quién había enviado a Benson el portafolio de Khashmangi desde Estambul.

Hoffman le contestó que al parecer había sido una tal Maggie, hija de un amigo de Benson, la que había le enviado el portafolio. Pero no sabía el nombre completo.

El jefe de prensa le dio las gracias por la información y le dijo que se acordaría de él en el futuro. A Max Hoffman le convenía estar en primera fila como periodista afín y en contacto directo con la Casa Blanca, ahora que Daniel Tropp era el presidente. Y haría todo lo posible por convertirse en la voz de la Casa Blanca en los medios de comunicación. Pensaba que este podía ser su gran momento. Aquella colaboración tan estrecha con la Casa Blanca en un tema tan rocambolesco y tan delicado le permitía hacerse ilusiones. Su posición merecía sin ninguna duda el más alto agradecimiento.

Los periodistas a veces se olvidan de la objetividad tan necesaria y se convierten en aduladores de políticos turbios, y de esta forma contribuyen a tergiversar la información esencial con resultados muy dañinos. Esconder la verdad es distanciarse de la ética y del comportamiento civilizado, y, como consecuencia, deambular por un desierto sin leyes ni normas. Los medios de comunicación corren así el peligro de resultar nefastos para la sociedad a la que deberían ser útiles.

Capítulo 9:
Mark Johnson o Igor Melenkov

Poco después, Mark Johnson recibió una nueva orden. Esta vez tenía que buscar a una joven veinteañera llamada Maggie, que era hija de un amigo de Benson, y que era la que había enviado el paquete con el portafolio de Khashmangi desde Estambul a Nueva York.

Una vez localizada la tal Maggie, era necesario averiguar lo que sabía y, a continuación, deshacerse de ella sin dejar el más mínimo rastro.

Mark Johnson en realidad se llamaba Igor Melenkov, era hijo de padre ruso y de madre ucraniana. Llevaba cuatro años estudiando Derecho en *Columbia*, la Universidad de Nueva York, pero en realidad era un «topo» de los servicios secretos rusos que había sido adiestrado desde pequeño para ser espía. Igor tenía un don innato para los idiomas, era un gran deportista y destacaba como tirador de élite en las partidas de caza que se organizaban en el campamento militar donde su padre trabajaba como sargento de reclutas. Y en cuanto su padre tuvo conocimiento de que su hijo había sido seleccionado para entrar en un cuerpo de élite del ejército, se alegró y quiso celebrarlo por todo lo alto. Aquello era un orgullo para la familia, y además empezaría a cobrar desde muy joven un segundo sueldo que les vendría muy bien a todos. Igor Melenkov llegó a hablar seis lenguas sin acento, además de ser uno de los mejores tiradores de su promoción.

Por el momento continuaba estudiando Derecho en *Columbia*, pero buscaba la manera de introducirse de forma subrepticia en algún departamento del Gobierno norteamericano. Para eso había suplantado a un tal Mark Johnson, que vivía solo y sin familia, y al que, al parecer, previamente alguien se había encargado de hacerlo desaparecer.

Deshacerse de Charles Benson había sido su primer trabajo como espía al servicio de la KGB. Pero este primer y único trabajo le había producido una reacción totalmente inesperada. De repente todo aquello le repugnaba y se sentía indispuesto. Tenía unas náuseas que le hacían sentirse mal. Igor se había dado cuenta de que solo le utilizarían para realizar los crímenes más horrendos, y no estaba dispuesto a aceptarlo. Su fe inquebrantable en la gran Rusia ya no era la misma.

Haber visto cómo Ucrania, la patria de su madre, era invadida por tropas rusas en la ocupación de Crimea de 2014 había enfriado muchísimo su patriotismo. Y solo sentía que le usaban como un títere, sin ninguna clase de escrúpulos.

Pero ahora él tenía un sentido crítico que antes no había tenido. Estados Unidos no era el demonio, ni mucho menos. Sus años de estudio con grandes profesores norteamericanos hacían que su fe en Rusia ya no fuese la misma, ni tampoco su odio cerril hacia todo lo norteamericano.

Y sin poder evitarlo, se había desmoronado. Estaba atrapado y enrabiado. No entendía cómo podía haber llegado hasta aquella situación. Tampoco sabía cómo salir de la ratonera en la que se encontraba. Lo que sí sabía era que no pensaba permitir que matasen a una joven solo por haber enviado un portafolio. Por lo menos él no pensaba hacerlo. Y si podía, lo impediría.

De esta forma decidió que nunca más volvería a participar en crímenes horribles como el que acababa de cometer. Pero de momento, y para ganar tiempo, les dijo a sus jefes que se ponía a buscar enseguida a la joven, y que si encontraban pistas en Estambul que le pudiesen resultar útiles para el caso, que, por favor, le informasen.

Igor salió de su apartamento cabizbajo y empezó a deambular sin rumbo fijo por toda la ciudad. Pasaron así bastantes horas y aquel paseo le iba enfureciendo cada vez más. Se preguntaba cómo se podría salir del espionaje. Seguramente no existía ninguna forma.

Nunca se había imaginado que las circunstancias le hubieran alejado tanto de sus ideas juveniles de justicia y paz. Así como las de luchar por una sociedad más igualitaria y solidaria. Pero estudiando leyes en Nueva York había conocido otras formas de pensar y de organizar una nación mediante una constitución basada en la libertad y en la hermandad del ser humano.

Ahora veía claro que no era aceptable eliminar a todos los opositores sin escrúpulos. El respeto de los derechos humanos occidentales era una guía para mejorar el futuro de cualquier nación.

Igor había aprendido demasiadas cosas que le impedían continuar creyendo en idearios basados solo en el odio de clases y en el pensamiento único. Ahora conocía otras versiones.

Llevaba horas conjeturando y purgando su sentimiento de culpa. Aquel paseo poco a poco le empezó a servir de catarsis. Pero sin saber muy bien cómo, caminando y caminando, de repente se encontró otra vez delante de la casa de Charles Benson y Felicia Hall.

Igor continuaba muy inquieto porque no conseguía relajarse. Necesitaba poner fin a todo aquello. Entonces, sin pensárselo dos veces, se dirigió a la casa de Felicia Hall y llamó a la puerta con firmeza. Le abrió Maggie.

Igor no estaba seguro de quién era ella, pero su esbelta figura le impresionó. Era una joven cuyo porte no dejaba indiferente a nadie. Preguntó por la señora Benson. Maggie le pidió su nombre, y él le contestó que se llamaba Mark Johnson y que estudiaba último curso de Derecho en *Columbia*.

Maggie le rogó que esperase un momento. Pero el tal Mark Johnson le soltó de sopetón que él sabía quiénes eran los que habían disparado contra el señor Benson.

Maggie se quedó sin respiración, y le hizo pasar. Fue deprisa en busca de Felicia. Hicieron sentarse a Mark Johnson en un sofá enfrente de la viuda.

Aquel extraño visitante le dijo a Felicia que sentía profundamente la muerte de su marido. Continuó diciéndole que todo había sido un trabajo llevado a cabo por los servicios secretos de Rusia.

—Lo sé de buena tinta —dijo—, créame.

También le dijo que en realidad él no se llamaba Mark Johnson. Eso era solo lo que ponía en su pasaporte falso.

Su auténtico nombre era Igor Melenkov y era un espía ruso que formaba parte de los que habían disparado contra su marido.

No había podido evitar que aquello sucediera, pero se había arrepentido de inmediato.

—He desertado, pero ellos aún no lo saben. Mi padre es ruso, pero mi madre es ucraniana. Y los rusos nunca han respetado a las restantes repúblicas soviéticas. Siempre las han considerado como de segunda clase. Solo los rusos ascendían. Toda la *nomenklatura* se llenó únicamente de apellidos rusos. El resto de las repúblicas fueron quedando subyugadas.

»Además, ahora quieren encontrar a una joven norteamericana llamada Maggie. Ella fue la que le envió al señor Benson el portafolio del periodista Khashmangi desde Estambul. Es muy importante que no la encuentren. Necesito advertirles a ustedes muy seriamente de que quieren deshacerse de ella, tal como lo han hecho con su marido. No quieren dejar ningún rastro del dichoso portafolio.

»Créanme, por favor, todo esto es muy importante para mí. ¡Necesito que, por favor, prevengan a la joven!

—Pero, entonces, ¿ha dicho usted, de verdad, que es un espía? —preguntó Felicia, aún incrédula.

—Lo fui, pero ya no lo soy. No puedo seguir aceptando como si nada que Rusia haya invadido Crimea. Ni tampoco quiero volver a participar en esos crímenes horribles. Ni quiero ser un títere al servicio de Rusia.

»A partir de ahora me gustaría ponerme a su servicio, señora Benson. Necesito hacer algo por usted. Por encima de todo me gustaría redimirme, y, por favor, necesito que usted me crea.

—De momento usted en parte ya lo ha hecho, viniendo hasta aquí nos ha prevenido contra esos asesinos. Y no dude usted de que nosotros tomaremos las máximas precauciones para proteger a la tal Maggie.

—¿Pero, a usted, quién le protegerá ahora que ha desertado?

—Desgraciadamente yo ya tengo mis días contados. Más tarde o más temprano se enterarán de que ya no cumplo sus órdenes y de que he desertado. Darán conmigo y se ensañarán. No hay ninguna duda. Necesito iniciar una nueva vida. Empezaría otra vez de cero si pudiese huir. Pero estoy solo, y sé que acabarán encontrándome. Porque no tengo adónde ir, ni con quién…

Felicia miraba al muchacho, estupefacta. Y se quedó pensando por unos momentos.

—Usted nos dice que su vida corre peligro, y que no tiene dónde ir. ¿Y todo esto lo hace solo para advertirnos de que la vida de Maggie corre peligro?

—Exacto, no podría soportar otro nuevo asesinato.

—Permítanos, por favor, un momento, si es tan amable. Tenemos que hablar en privado mis amigos y yo. Espere usted, si no le molesta, en nuestro rellano y enseguida le llamaremos.

Felicia empezó a hablar con Maggie y con su padre. Ahora parecía tener un aspecto extraño, algo así como si estuviese en un estado de trance, y poco a poco fue diciendo despacio y en voz muy profunda:

—Este chico ha puesto su vida en peligro solo para evitar otro asesinato. Se lo debemos agradecer. No pienso preguntarle qué es lo que ha hecho hasta ahora, ni qué le ha hecho arrepentirse. Eso solo lo sabe él, y así debe quedar. No debemos juzgarle.

»Pero mi vida a partir de ahora carece totalmente de sentido. Soy viuda, no tengo hijos, y lo único que me motiva es la venganza. ¡Únicamente quiero vengarme de todos estos grandes hijos de puta!

»Sé que todo empezó con esa extraña puja del *Salvator Mundi*. Aquello no era normal, y yo lo sabía. Algo se estaba tramando, porque las subastas no son así. Y ahora estamos todos atrapados en una extraña red maldita, y todo lo que hagamos se girará en nuestra contra.

»No soporto a esos asesinos que, desde un despacho mueven los hilos sin importarles nada ni nadie. Ahora necesito vengarme. Todo lo demás deja de tener importancia para mí. Y si no os importa, hablaré otra vez con Igor y le haré una proposición...

Felicia le pidió a Maggie que volviese a llamar al chico. Al poco tiempo, Igor volvía a sentarse frente a Felicia. Y entonces ella, con calma y parsimonia, empezó a hablar otra vez despacio:

—Igor, usted ha sido muy valiente viniendo hasta aquí. Ha hecho lo correcto. Parece ser que sus cursos en *Columbia* le han servido para algo. Pero ahora yo soy simplemente una viuda, y mi vida carece completamente de sentido. Ya solo pienso en una cosa:

¡en cómo vengarme de todos estos asesinos sin escrúpulos!

»Además usted necesita redimirse. Yo no puedo, ni debo juzgarle, pero, en cambio, sí puedo pedirle una cosa. La única cosa que me interesa en estos momentos, y que me devolvería la calma. Me gustaría que usted, Igor, trabaje para mí, llevando a cabo en mi nombre una sutil venganza. Porque adivino que los implicados en este caso son personas demasiado importantes y demasiado protegidas para llegar hasta a ellas con garantías de éxito. Por eso, estoy pensando en otro tipo de venganza, más sibilina, más extraña, pero que será «mi venganza», y confío en que usted sepa entenderlo y me ayude a llevarla a cabo.

»A mí me sigue obsesionando el *Salvator Mundi* de Leonardo da Vinci. Desde aquella dichosa noche de la subasta supe que algo raro sucedía. Lo sentía en mi piel. Me agobiaba y me sigue agobiando. Como si ese cuadro fuese el único culpable de todos estos males.

»Lo que quiero, Igor, lo único que yo quiero es que usted robe para mí ese famoso cuadro, y quitárselo así definitivamente a todos esos grandes hijos de puta. Tengo mucho dinero, más que suficiente para este encargo. Además, no lo necesito para ninguna otra cosa. Financiaré lo que haga falta, y le pagaré tres millones de dólares por el cuadro... ¿Qué me dice?

Igor se quedó aturdido por unos instantes. Su mente había estado casi en blanco hasta ese momento. Tardó un momento en reaccionar, pero de repente cambió y, después de una pausa, volvió a decir algo:

—Necesitaré un nuevo pasaporte americano. Y también un equipo que me ayude. No puede hacerse en solitario. Es un trabajo para un equipo bien entrenado. Pero no conviene equivocarse al elegir a los miembros del equipo. Eso será lo fundamental. Pero, aun así, lo veo todo bastante inviable, y no sabría qué decirle...

Maggie de pronto intervino:

—Igor, yo soy Maggie, la que encontró el portafolio, y tengo que darle las gracias por haberme avisado de que estoy en peligro. Pero ahora si me quedo en mi casa, o en mi universidad, sin duda alguna ellos acabarán dando conmigo. Por lo tanto, yo también necesito desaparecer por un tiempo con papeles falsos.
»Por otro lado, siento mucho lo que les ha pasado a Felicia y a Rania. Me siento culpable por ello. He conocido a ambas viudas. Así que, por todo eso, me gustaría formar parte de su equipo. Y se lo puedo proponer también a mi amigo Alex, que era quien me acompañaba en mi viaje por Europa, y que también está tan implicado como yo. Tal vez logre convencerle de que venga con nosotros y formemos un equipo.

—¿Pero tenéis formación militar alguno de los dos?

—No de ese tipo. Pero ambos hablamos español fluidamente. Alex es patrón de barco, y ganó una medalla de plata en el mundial de vela el mes de agosto del año pasado en Dinamarca. Juntos hemos recorrido Europa y somos jóvenes. Además, los asesinatos de Khashmangi y de Benson nos han tocado muy de cerca. Primero en Estambul y luego en Nueva York. Eso nos servirá de estímulo. Yo necesito esconderme, pero también necesito desquitarme. Como te he dicho, conocemos a ambas viudas, y queremos hacer algo por ellas. De ninguna forma podemos desentendernos, ni Alex ni yo, créame.

El padre de Maggie por un lado comprendía los razonamientos de su hija, pero por otro lado esperaba que su novio Alex la hiciese recapacitar y se olvidase de aquel plan tan peligroso. Aquello además sería un delito, y no le gustaba para nada. Aunque, por otro lado, quien roba a un ladrón, es menos delincuente, pensó.

Quedaron en que Maggie hablaría con Alex y esperarían a oír su opinión.

Todo aquello empezaba a parecer un poco disparatado, pero era el único deseo de Felicia, una viuda sin ningún tipo de culpa. Y algo parecido sucedía con Rania, la compañera de Jamal Khashmangi.

Igor continuaba impresionado con aquella chica. No solo le parecía preciosa, sino que su comportamiento era irreprochable.

A veces las cosas derivan de tal forma que al final no sabes bien cómo te vas implicando. Simplemente no eres capaz de alejarte de un tema en el que te ves envuelto, y no quieres renunciar a seguir en él. Los seres humanos somos animales instintivos, aunque al ser civilizados lo solemos olvidar. Pero necesitamos seguir nuestros impulsos, sin saber bien por qué y sin poder evitarlo.

Capítulo 10:

El *Semíramis*

Alex escuchaba atentamente las explicaciones de Maggie, pero no daba crédito.

¿Creía ella realmente que el mejor escondite para su seguridad era cambiar de nombre temporalmente y marcharse a Europa a robar un cuadro? ¡Maggie se había vuelto loca!

Pero, por otro lado, él nunca la dejaría ir sola. Y además sabía que ella era perfectamente capaz de ir sin él. Y los tres millones de dólares ofrecidos por Felicia eran muy tentadores.

¿Pero quién era el tal Igor?

Todos parecían confiar en él. ¿No sería eso peligroso? Todo aquello era muy confuso. Alex dudaba y dudaba. Pero su espíritu aventurero le reconcomía por dentro.

Entonces les propuso reunirse todos en Nueva York y estudiar a fondo un plan de acción. Analizarían las posibilidades reales de éxito de la misión, y decidirían lo más sensato, actuar solamente si fuese del todo factible y solo con riesgos asumibles. A Maggie y a Igor les pareció bien enfocarlo así.

Al día siguiente se reunían otra vez en casa de Felicia, pero ahora también participaba Alex. Aquel era un apartamento grande y con habitaciones para todos. Allí no llamaban mucho la atención y se sentían seguros. Los rusos deberían estar buscándolos en sus casas de Florida.

Felicia les contó que ella había estado siguiendo el rastro del *Salvator Mundi*. Al parecer, el príncipe Bin Solimán había ofrecido exhibirlo temporalmente en el Museo del Louvre de París junto a la *Mona Lisa*, pero el presidente Macrón se había negado en redondo.

Y lo último que se sabía del famoso cuadro era que colgaba en el camarote del príncipe de Arabia Bin Solimán, en su gran yate llamado el *Semíramis*. Se trataba de un yate gigantesco, de unos ciento treinta y cinco metros de eslora, con helipuerto y mucha tripulación. A Solimán le gustaba viajar por la costa turca, Chipre y las islas griegas, y a veces también estacionaba el yate en Marbella o en Palma de Mallorca. Pero no tenía costumbres fijas, lo que hacía muy difícil adivinar adónde iría ahora.

Lo primero que ellos necesitaban era averiguar dónde se encontraba el dichoso yate llamado *Semíramis,* y, mientras tanto, ir ideando un plan de acción.

Igor propuso que el trabajo lo harían de noche, en algún lugar apartado, y en un momento en el que el príncipe no estuviese en el barco. Necesitarían alquilar un barco para seguir discretamente al *Semíramis,* y tener toda la paciencia del mundo para esperar hasta el momento y el lugar oportunos para dar el golpe.

Alex se acordó entonces de su amigo Giorgio. Seguro que estaría encantado de alquilarles el *Blue Melody* nuevamente. Lo más difícil sería averiguar la localización actual del superyate y los planes del príncipe.

Felicia escuchaba muy interesada todo lo que se iba discutiendo. Maggie y Alex, por momentos, se iban convenciendo de que el plan no era del todo completamente descabellado.

También necesitarían armas. Igor tenía varias, pero no se podían transportar fácilmente. Así que fueron estudiando y analizando las posibilidades de éxito y los riesgos de un fracaso.

Igor creía que valía la pena intentarlo, y solo llegar a actuar si la oportunidad era óptima. Alex les pidió que, para tomar la decisión final de actuar o no actuar, tendrían que votar los tres y aceptar el resultado. Lo que les pareció bien. Alex confiaba en poder convencer a Maggie en el caso de que fuese necesario.

Al fin decidieron ponerse en marcha. Felicia les conseguiría tarjetas de crédito y les financiaría. Los pasaportes falsos los conseguirían en Canadá. Igor conocía a un especialista que trabajaba desde allí en documentos de todo el mundo. Le llevaría fotos recientes de los tres con sus colores de pelo cambiados.

Alex contactó con Giorgio y reservó el barco para el mes siguiente. Solo había una cuestión. No habría ningún tripulante más en el barco. Solo ellos tres y Giorgio. Aparentarían ser simples turistas.

Pero le dijeron a Giorgio que querían seguir al yate *Semíramis*. No sabían por cuánto tiempo, pero podría ser bastante. Puede ser que un mes entero, o tal vez más.

Durante dos semanas estuvieron cerca de Toronto entrenándose mientras esperaban sus nuevos pasaportes. Igor les enseñó a utilizar una pistola automática. Tenían que estar preparados por si las cosas se ponían feas. Y también les entrenó en escalada con cuerdas y arneses. Y por último a manejar la radio, para cuando no hubiese cobertura telefónica. Igor se reservaba para sí mismo el papel más arriesgado. Pero era necesario que los tres pudieran intervenir en caso necesario.

Felicia quería estar informada de cada etapa del plan punto por punto. Deberían llamarla con frecuencia para contarle todos los progresos. Ella colaboraría desde la distancia. Investigaría al príncipe, sobre todo sus movimientos, y les financiaría.

Aquellos jóvenes le caían bien. Ahora eran su única esperanza. Su idea de vengarse iba empezando a tomar forma. Ya no era solo un sueño lejano. Cada vez todo le parecía más realizable. Sentía que el cuadro estaba cada vez más a su alcance, y eso la tranquilizaba.

Capítulo 11:

De nuevo en el *Blue Melody*

Igor, Alex y Maggie estaban otra vez tomando tierra en Estambul. Habían pensado pernoctar en el *Blue Melody* desde la primera noche, porque no querían dejar rastro de su estancia.

Mientras tanto, Giorgio preparaba las compras para un viaje muy largo, y los tres jóvenes buscaban cómo conseguir armas, que de momento se las ocultarían a Giorgio. Pero si era necesario tenían pensado darle una compensación económica muy generosa para mantenerle siempre de su lado.

Los tres fueron recorriendo el gran bazar. Buscaban a alguien con ganas de embolsarse unos buenos dólares. Ahora era vital no equivocarse. Por fin Igor contactó con un hombre que les ofreció *hashish*. Entonces Igor le preguntó si les podía conseguir otras cosas. Finalmente, el hombre les condujo a una tienda de armas y le dieron una buena propina.

Igor escogió tres pistolas automáticas de fabricación rusa y bastante munición. También compraron tres chalecos antibalas, aunque no sabían si serían del todo fiables, y tres máscaras antigás. Lo metieron todo en dos maletines impermeables y volvieron al barco.

Al día siguiente le preguntaron a Giorgio dónde podrían encontrar al *Semíramis,* el superyate del príncipe heredero de Arabia, Bin Solimán. Giorgio no tenía ni idea. Él solo podía preguntar en varios puertos de la zona si lo habían visto recientemente.

Pasaron varias horas haciendo llamadas y parecía que nadie había visto el superyate del príncipe. Algunos lo habían visto hacía más de un año. Pero no conseguían avanzar. Estaban estancados. Y le comunicaron a Felicia que de momento no había noticias del *Semíramis.*

Pasaron así varios días y empezaban a desanimarse. ¿Qué más sabían del príncipe?

Felicia les había informado de que Bin Solimán poseía un palacio en Francia, cerca de Versalles, aunque su residencia habitual variaba entre Jedda y Riad. También tenía casa en Marbella. Y en el año 2017 había comprado el *Olympique* de Marsella, un club de fútbol de bastante prestigio deportivo.

Siguieron investigando al príncipe. Compraron prensa de Dubái y de los Emiratos Árabes Unidos publicada en inglés, pero tampoco encontraron nada allí.

Al día siguiente, Felicia les envió un correo electrónico en el que decía que Bin Solimán estaba en Montecarlo asistiendo al gran premio de Fórmula Uno. Había estado investigando y le habían confirmado que el *Semíramis* estaba en el puerto de Montecarlo. Pero en cualquier momento podía levar anclas. Ella había pedido que la avisasen si el superyate del príncipe se marchaba.

Por suerte, el *Blue Melody* estaba totalmente preparado y Giorgio con ganas de salir del puerto. Rápidamente pusieron rumbo a Montecarlo y rezaron para llegar a tiempo. Navegaron durante tres días y tres noches a toda máquina. Se iban turnando en el timón. El *Blue Melody* parecía volar sobre el agua. El buen tiempo los acompañaba. En aquellos momentos, los conocimientos de Alex sobre navegación les fueron muy útiles. El barco surcaba las olas con facilidad y se iban turnando en el timón. Descansaban y comían según una rutina ideada por Giorgio. Todo parecía funcionar a la perfección.

Pero cuando estaban bordeando la isla de Cerdeña recibieron un mensaje por radio de Felicia, diciendo que el *Semíramis* acababa de partir de Montecarlo y se dirigía hacia el suroeste. Eso era todo lo que le habían dicho.

Le preguntaron a Giorgio cuál era el rumbo que convenía tomar para interceptar al *Semíramis* y este les convenció de poner rumbo hacia el oeste, con la intención de alcanzar al Semíramis en la ruta hacia las islas Baleares. Al parecer, el capitán del superyate había reservado un amarre en el puerto de Mahón. No todos los puertos están preparados para acoger un barco de ese tamaño. Y era una época adecuada para relajarse y descansar en una isla como Menorca.

Los tres asintieron y calcularon en un mapa dónde podrían coincidir con el *Semíramis*. Giorgio trazó con un compás ambas rutas y dedujo que lo alcanzarían a la altura de Menorca. Esa fue su predicción.

Continuaron a toda máquina directamente hacia el oeste y rezaron para que esa fuese realmente la ruta del yate. Al cabo de unas doce horas estaban viendo la isla de Menorca y el yate del príncipe estaba delante de la bocana del puerto de Mahón, preparándose para entrar.

Giorgio les dijo que necesitaban urgentemente repostar gasoil. Lo mejor sería entrar también en el puerto, que, según les dijo, era el mejor puerto natural del Mediterráneo, y, a la vez, aprovechar para repostar.

Cuando entraron en la bahía de Mahón vieron que, a pesar de su estrecha bocana, la rada era espléndida.

Tenía más de cinco kilómetros de longitud y unos novecientos metros de ancho. También observaron que a la entrada de la rada había una isla llamada del Lazareto, y un poco más adelante en la parte central había otra pequeña isla llamada Isla del Rey, y enfrente de ella se veía una gran mansión. Giorgio les explicó que allí vivieron el almirante lord Nelson y *lady* Hamilton una aventura amorosa muy romántica, antes de que este muriera en 1805 en la batalla de Trafalgar.

Vieron como el superyate *Semíramis* atracaba junto a la estación marítima. Pasaron por delante del yate y percibieron su magnitud. Entonces Giorgio se dirigió directamente a recargar combustible. Finalmente atracaron a unos doscientos metros del *Semíramis*. Desde allí tenían una buena perspectiva del superyate.

Mahón resultó ser una ciudad llena de vida. Su historia había dejado en ella claramente plasmados sus distintos períodos y dominaciones. Había sido romana, musulmana, española, inglesa y francesa en sucesivas épocas y en más de una ocasión.

Todo eso se notaba y le proporcionaba un carácter especial. La madre de Albert Camus había nacido en Mahón, y emigrado siendo muy joven a Argelia huyendo de la pobreza.

Y tuvo una gran influencia en su hijo, que era huérfano de padre. La isla del Lazareto de Mahón inspiró a *Camus* su novela *La Peste*.

Las cosas, por fin, iban empezando a funcionar. Tenían el yate del príncipe a tiro. Ahora les tocaba estudiarlo a fondo y preparar un posible plan de acción, por si surgía una ocasión oportuna.

Era necesario ser paciente y actuar con gran calma, pero no podían descartar tener que actuar de pronto, si la oportunidad se presentaba de forma inesperada. Todo se basaba en encontrar el momento adecuado. Siempre habría riesgos, pero hay ocasiones que son más favorables y que conviene no dejar pasar.

Igor era un hombre de acción. Todo aquello le producía la sensación de haber cambiado al bando correcto, de estar por fin reparando una injusticia. Esto le incomodaba menos que haberse quedado en Nueva York al alcance de sus antiguos compañeros. Él sabía que serían inmisericordes con él. A partir de ahora tomaría todas las precauciones del mundo, pero, con un poco de suerte, pensaba que ahora tal vez podría cambiar de vida.

Capítulo 12:
La copia

Felicia Hall, como experta en arte, era amiga de un pintor holandés residente en La Haya especializado en reproducir cuadros famosos con una precisión exquisita. Ella conservaba una fotografía del *Salvator Mundi* de muy alta calidad, y decidió contactar con el especialista holandés para hacerle el encargo de un duplicado del famoso cuadro que tanto la obsesionaba.

Una vez enviada la fotografía del cuadro y sus medidas exactas, el especialista le dijo que solo estaba permitido reproducir las obras a un tamaño diferente del original. Finalmente concretaron una medida de solamente un diez por ciento mayor que el original. A los dos les pareció que sería un tamaño conveniente. El plazo de entrega era de unas dos semanas y el precio convenido, de seis mil dólares.

A continuación, Felicia llamó al jefe de redacción de *The New York Times*, Max Hoffman, y le preguntó que cuántas personas más tenían conocimiento de la existencia del portafolio de Khashmangi, a lo que este le respondió que, por tratarse de un tema delicado, lo había consultado únicamente con el jefe de prensa de la Casa Blanca, y al parecer este lo había remitido al Pentágono. Eso era todo cuanto sabía.

Felicia se quedó meditando por unos momentos, y le preguntó a Hoffman si tenía alguna noticia más relacionada con el caso. Este le respondió que la prometida de Khashmangi, que se llamaba Rania Muisi, había sido invitada por las Naciones Unidas para asistir a la comisión que investigaba lo sucedido en Estambul.

Y que la tal Rania Muisi se hospedaba en el Hotel Waldorf Astoria. Tal vez ella supiese algo más que ayudase a aclarar el caso.

Felicia le agradeció esta información, se despidió de él, y sin demora se dispuso a contactar con el hotel para encontrarse con la tal Rania Muisi.

Un par de horas más tarde, Felicia y Rania se sentaban en el bar del Hotel Waldorf Astoria para tomar un *afternoon tea*. Felicia enseguida le contó a Rania Muisi cómo su amiga Maggie había encontrado el portafolio de Jamal Khashmangi extraviado en el compartimento del tren y, al no haber podido alcanzarles a tiempo, lo había guardado en su hotel con la intención de devolverlo en cuanto fuese posible.

Pero al enterarse de la noticia de la desaparición del periodista en la embajada saudí de Estambul, habían decidido enviar el portafolio al difunto marido de Felicia, Charles Benson, reportero del *The New York Times*, el cual había revisado en profundidad los documentos que investigaba Jamal Khashmangi, y poco después, sin entenderse bien cómo, Benson había sido tiroteado justo al día siguiente de haber recibido el famoso portafolio.

Al parecer, únicamente el jefe de redacción del periódico y el jefe de prensa de la Casa Blanca tenían conocimiento de la existencia de aquel portafolio.

Pero ahora eran los servicios secretos rusos los que estaban actuando. ¿Quién les había avisado? ¿Y por qué actuaban?

Algo importante debían temer si dos periodistas habían sido asesinados solo por haber conocido los documentos con las investigaciones de Khashmangi.

Felicia también le habló del joven espía ruso que había desertado, y acto seguido les había advertido de que los servicios secretos rusos seguían buscando a una tal Maggie, que era quien había enviado el portafolio de Khashmangi a Charles Benson desde Estambul. Y por eso los rusos también planeaban deshacerse de ella.

Después de digerir toda aquella información, Rania Muisi sorprendió completamente a Felicia al decirle que todo lo que ella quería en aquel momento era básicamente una sola cosa.

Ni más ni menos que recuperar el portafolio de su prometido a toda costa. Para ella eso era vital. Khashmangi no tenía familia, y su portafolio era la única cosa que a ella le quedaba de él. Para ella era muy importante recuperar aquel portafolio de su prometido. Había sido su último regalo, y era lo único que ella tenía para su recuerdo.

Felicia le dijo que intentaría por todos los medios hacer que se lo devolviesen lo antes posible. Quedaron en que volvería a contactar con ella en cuanto supiese algo, y también en verse nuevamente para seguir investigando.

Felicia volvió a llamar a Max Hoffman y le explicó que Rania Muisi quería recuperar el portafolio de su prometido a toda costa, el cual le pertenecía, porque ella se lo había regalado. Entonces Hoffman le prometió a Felicia que reclamaría el portafolio a la Casa Blanca y le diría algo en cuanto pudiese.

Capítulo 13:
Kurulenko

El comandante Dimitri Kurulenko estaba pensando que no entendía lo que estaba pasando con la desaparición de Igor Melenkov. Sus hombres tenían que pasarle cada semana un informe de sus casos. Únicamente Igor Melenkov le había fallado por primera vez en los veinte años que llevaba actuando como coordinador de topos rusos en el extranjero.

Todo esto era muy raro, dado que Igor era uno de sus hombres más fiables. No entendía qué debía estar pasando. Al principio pensó que Igor debía estar viajando en busca de la joven Maggie.

Pero Igor no había vuelto a contactar con él en toda una semana, y eso era muy grave. Algo debía haberle pasado. Ahora necesitaba averiguar cuanto antes lo que estaba ocurriendo.

Kurulenko ya había instruido a un nuevo hombre para desplazarlo a Nueva York y reemplazar a Igor. Se trataba de un joven inglés, hijo de padre ruso y de madre inglesa, llamado Andrei Chomki, que se había criado en Inglaterra, hablaba inglés y ruso de forma fluida, y tenía pasaporte inglés. Andrei había sido reclutado tras haber acabado en la cárcel por el atraco a una estación de servicio en Mánchester. Su abogado había pedido cumplir los tres años de cárcel en una prisión rusa por su doble nacionalidad, y se lo habían concedido.

La misión de Andrei Chomki en este caso era viajar a Nueva York con su pasaporte inglés y dirigirse al apartamento de Igor para intentar localizarle y averiguar qué demonios estaba pasando.

A los pocos días, Andrei conseguía por fin forzar la puerta del apartamento de Igor y se puso a registrarlo hasta el último rincón. Rebuscó sin descanso por todos los cajones y por todos los posibles escondrijos. Después de un buen rato contactó con su jefe para informarle de que en el apartamento no había nada que aportase la más mínima información.

En el puerto de Mahón había un bar con una terraza en alto sobre la estación marítima, de modo que desde allí Igor, Alex y Maggie se pasaban horas estudiando al *Semíramis* y controlando todos sus movimientos. Tomaban nota de los horarios, así como de las personas que salían y entraban.

De repente, oyeron acercarse a un helicóptero, que se posó en el barco y, sin dar tiempo a parar el motor, vieron como el príncipe subía al aparato seguido de un guardaespaldas, y de nuevo el helicóptero despegaba. Por su rumbo parecía dirigirse al aeropuerto de Menorca. Tomaron nota de todo, para informar a Felicia, y regresaron al *Blue Melody*.

Felicia les pidió que intentasen averiguar si Bin Solimán tomaba un vuelo y adónde se dirigía. Poco después, en el aeropuerto menorquín, Alex averiguó que el vuelo del príncipe era a Madrid.

Felicia telefoneó entonces a Max Hoffman y le pidió que investigase adónde volaría Bin Solimán desde Madrid.

Un reportero de *The New York Times* en Madrid acudió al aeropuerto a la llegada del vuelo de Menorca y esperó a Bin Solimán. Le vio llegar y dirigirse a las oficinas de *Delta Airlines*. El periodista esperó a que el príncipe fuese despachado y a continuación le preguntó al vendedor cuál era el vuelo que tomaba Bin Solimán.

Fue necesario dar una muy generosa propina para que el vendedor le informase de que el príncipe saldría tres horas más tarde en el vuelo de Delta en primera clase, con destino a Washington. Poco después, Hoffman le confirmaba a Felicia del número de vuelo que se disponía a tomar Bin Solimán y su hora de llegada a la capital estadounidense.

Felicia rápidamente llamó a Maggie y le dijo que Bin Solimán iba hacia Washington, pero que intentaría averiguar más cosas sobre su estancia en la capital. Ella acababa de recibir la copia falsa del *Salvator Mundi* que había encargado en Holanda y les propuso enviarles enseguida el cuadro por servicio urgente, para que lo colocasen en el lugar del auténtico. Era un plan audaz, pero si lo conseguían sería el golpe perfecto.

Cuando Maggie informó a Igor y Alex de las intenciones de Felicia, los dos empezaron a darle vueltas al asunto. Llevaban varios días investigando al *Semíramis* y ya tenían un plan para poner en práctica. Continuaron comentando sus ideas y cada vez les parecía todo un poco más factible, y decidieron votar.

Alex propuso seguir adelante con el plan, pero que, por si acaso, tenían que estar en todo momento preparados para abortar en cuanto apareciese un riesgo inasumible. A lo que todos estuvieron de acuerdo.

Al día siguiente, el cuadro llegó al aeropuerto de Menorca y fueron juntos a recogerlo al mostrador de Iberia. Cuando por fin abrieron el paquete, ya en el *Blue Melody*, comprobaron que era un trabajo de gran calidad. Les pareció que solo personas muy entendidas en arte medieval podrían advertir que se trataba de una simple copia.

El cuadro estaba pintado sobre una tabla de madera igual que la original, que era cuadrada y medía unos cincuenta centímetros de lado. Además, poseía el estilo inconfundible de Leonardo da Vinci, tan amigo de la técnica del *sfumato*. Y quedaron todos muy gratamente impresionados.

Al día siguiente coincidió que era noche de luna nueva y, por tanto, un momento oportuno para actuar. Repasaron juntos el plan para tener claro cada paso. Por fin estuvieron todos de acuerdo de que era factible.

A las cuatro y media de la madrugada, la zódiac del *Blue Melody* se acercaba al *Semíramis* a remo muy sigilosamente. Dejaron la barca escondida detrás de un yate a unos veinte metros del *Semíramis*. Maggie se quedó vigilando la lancha. Igor y Alex vestían trajes de neopreno totalmente negros y unas mochilas impermeables. Ambos se sumergieron en el agua completamente oscura y nadaron muy despacio y sin hacer ruido hasta la parte trasera del superyate. Comprobaron que habían recogido la pasarela que unía el barco con el muelle. La oscuridad era total. Los dos buceadores se deslizaron por la rampa trasera del yate, por donde se subía y bajaba la lancha de servicio. El color de la cubierta del *Semíramis* era azul marino intenso. Los cuerpos de Igor y Alex con el neopreno negro se camuflaban completamente en la oscuridad con el color azul oscuro de la cubierta.

Dejaron sus aletas y sus gafas de buceo escondidas en un rincón del yate y se pusieron guantes oscuros y máscaras antigás. Subieron con movimientos muy suaves hasta la cubierta superior por el lado del yate más alejado del puerto, porque las farolas del muelle habrían podido delatarles.

Se acercaron, poco a poco, a la cabina de mando, donde solo un hombre armado hacía la guardia. Comprobaron que el vigilante se distraía viendo vídeos en una *tablet* en vez de estar pendiente de las cámaras de seguridad del barco. Entonces sacaron lo que parecía ser una botella de oxígeno, pero que en realidad contenía gas anestesiante comprimido, y lo inyectaron por debajo de la puerta en la cabina. Esperaron unos dos o tres minutos hasta que el vigilante se quedó muy profundamente dormido.

Alex subió a la parte más alta del barco y buscó la rejilla por donde se renovaba el aire del circuito de aire acondicionado del yate, y empezó a inyectar gas anestesiante en la boca del sistema. Unos quince minutos después pensaron que la tripulación ya no se despertaría hasta pasadas más de seis o siete horas.

Entonces Igor, tranquilamente, forzó la puerta de la cabina de mando y Alex pudo desconectar el sistema de alarma para que las puertas se desbloqueasen, y pudieron entrar en el barco por el comedor. Alex siguió hasta la parte posterior de la estancia y recorrió un pasillo con camarotes a ambos lados. Al fondo encontraron un gran camarote, que parecía ser el principal. Vieron que incluía una sala con un gran televisor, un dormitorio enorme, un baño como de película de James Bond y, por fin, un despacho, en el que colgaba espléndido el *Salvator Mundi*.

Abrieron una de las mochilas, sacaron la copia holandesa del cuadro y la reemplazaron en lugar del original.

Rápidamente regresaron al *Blue Melody* en la zódiac. Poco tiempo después enviaban un mensaje a Felicia Hall:

«¡Lo tenemos, hemos dado el cambiazo, regresamos a casa!».

Al día siguiente pagaron a Giorgio todo lo convenido, y Felicia insistió en aumentarle sus honorarios un veinte por ciento por el éxito de la misión. Igor, Alex y Maggie se fueron despidiendo uno tras otro muy cariñosamente de Giorgio, y, a continuación, tomaron un vuelo primero a Madrid y después a Nueva York, portando en la maleta de Maggie la tabla auténtica de Leonardo da Vinci muy bien embalada. Subieron a un taxi y se dirigieron a casa de Felicia, que los esperaba con un espléndido desayuno.

Y cuando por fin desenvolvieron el *Salvator Mundi,* Felicia casi no pudo contener las lágrimas de la intensa emoción que le embargaba. Aquello significaba un triunfo. Su venganza por fin se había realizado.

¡Volvía a tener el cuadro en sus manos!
¡Se lo había arrebatado a todos aquellos psicópatas!

Para ella el cuadro era un trofeo. Así se vengaba ella de aquellos desalmados, capaces de cometer asesinatos completamente imperdonables.

Felicia les había arrebatado lo que más deseaban. ¡Nada menos que el cuadro más caro de la historia!

Cada persona tiene su estilo. Cada persona reacciona de una manera diferente. Y cada persona siente de una determinada forma. Y este era el estilo de Felicia, y esta la manera que había elegido ella de llevar a cabo su venganza.

Capítulo 14:

El *Salvator Mundi*

Daniel Tropp recibía en ese momento al joven príncipe heredero de Arabia Saudí y ambos se sentaron en un gran sofá en el despacho oval.

Entonces Tropp le preguntó a Solimán cuál era el motivo de su inesperada visita. Y el príncipe le respondió que las cosas en la guerra del Yemen no acababan de resolverse como esperaban y necesitaba nuevos carros de combate equipados con cañones de alta precisión. Traía una lista con todos los detalles.

Tropp se quedó un momento pensativo, y por fin dirigió la vista hacia el príncipe y con cierta teatralidad le dijo:

—Por cierto, hay una cosa que no hemos comentado. Las armas no serán un problema, puedes contar conmigo. Pero hay una cosa que no he podido aclarar contigo todavía. Se trata del cuadro de Leonardo da Vinci. Tú lo compraste en mi nombre, y con mi dinero, por lo cual me gustaría recuperarlo. Devuélvemelo, y tendrás tus carros de combate en un par de meses. ¡Ese es el trato!

Solimán de pronto se quedó petrificado. Nunca había pensado que Tropp pudiese pedirle aquel cuadro. No le apetecía ni por un momento dárselo. Pero los generales esperaban sus noticias y no le quedaba más remedio que cerrar el trato. Necesitaba hacerse valer ante su ejército y que todos le considerasen un futuro rey idóneo. Así que Bin Solimán le dio la mano a Tropp y le dijo que le haría llegar el cuadro lo antes posible.

Andrei Chomki estaba delante de casa de Felicia Hall sin saber bien por qué ni para qué, solo esperando que algo pasase. Llevaba varios días sin saber qué hacer ni por dónde empezar. El caso se había vuelto opaco, pero de pronto vio salir a una joven veinteañera y muy hermosa de la casa de Felicia, y Andrei se dispuso a seguirla.

Llevaban un rato caminando cuando Andrei tuvo una ocurrencia. Se le acercó por detrás a la joven y, de sopetón, le dijo:

—¿Maggie?

La chica instintivamente se volvió, y Andrei insistió:

—Eres Maggie, ¿no es cierto?

Ella no respondió. No sabía bien qué hacer. Si corría se delataría. Si lo negaba difícilmente la creería.

—No me llamo Maggie —dijo.
—¿Y entonces por qué te has vuelto?

Era el momento de correr. Pero Andrei era más rápido. La alcanzó sin demasiado esfuerzo. La sujetó por el brazo y le enseñó una pistola que llevaba escondida en su chaqueta.

—Es mejor que me acompañes. No quiero que me obligues a dispararte. Solo te haré unas cuantas preguntas y después podrás marcharte.

El inglés de Andrei era un poco diferente del hablado en Nueva York. Maggie no conseguía situar aquel acento.

—¿Eres inglés?

—Sí, lo has adivinado. Ven conmigo y te pondré al corriente de todo. No tienes por qué preocuparte.

El acento inglés tranquilizó un poco a Maggie, pero todo aquello no pintaba nada bien.

Caminó cogida del brazo de Andrei hacia el apartamento de Igor. Por el camino, Andrei le pidió a Maggie que le diera su teléfono móvil y rápidamente lo desconectó. A continuación, llamó a su jefe, le informó de la situación y quedó a la espera de nuevas órdenes.

Por otro lado, Bin Solimán ordenó a sus hombres que llevasen su yate al puerto de Barcelona, y tomó un vuelo desde Washington hasta el aeropuerto Antonio Gaudí. Quería recoger el cuadro de Leonardo da Vinci y devolvérselo a Daniel Tropp cuanto antes.

En el aeropuerto de Barcelona alquiló un helicóptero y se dirigió directamente al *Semíramis,* que estaba atracado en el puerto. A los pocos minutos, el helicóptero aterrizaba en el superyate.

El príncipe, un poco cansado del vuelo de más de diez horas, se disponía a acostarse en cuanto entrase en su dormitorio. Pero primero fue un momento a su despacho para ir preparando el cuadro.

En cuanto vio aquella tabla supo que algo había pasado. Se quedó helado. Un sudor frío empezó a recorrer todo su cuerpo. El cuadro ahora era algo más grande, no mucho. ¿Había crecido? Pero eso era totalmente imposible. ¡Alguien le había dado el cambiazo!

Inmediatamente llamó al capitán y le preguntó qué había sucedido durante su ausencia. Se había marchado solamente tres días y al regresar se encontraba con una copia falsa en el lugar de su cuadro.

Entonces el capitán se quedó pensativo. Efectivamente, había sucedido algo muy raro dos días antes. Toda la tripulación había amanecido a las doce del mediodía. Una hora absurda. No sabían qué les había ocurrido. Pero registraron el barco de arriba abajo y no echaron nada en falta. Comprobaron las cintas de las cámaras de seguridad y solo vieron a dos hombres vestidos de negro que portaban máscaras antigás, lo cual les hacía totalmente irreconocibles.

Solo ahora caía en la cuenta. Pensó que aquellos hombres pudieron robar aquella noche el famoso cuadro sin que nadie del barco llegase a darse cuenta. Ni siquiera al día siguiente habían notado el cambiazo.

El príncipe estaba profundamente irritado, pero se contuvo. Supo controlar sus nervios. Necesitaba resolver primero la compra de las armas. Y para eso Tropp le había exigido, antes que nada, la devolución del cuadro.

Entonces apareció en su rostro una mirada malévola, y poco a poco fue contrayendo sus labios hasta enrojecerlos.

De repente le divertía la idea de endosarle a Daniel Tropp aquella extraña falsificación, que, por otro lado, mirándola con otros ojos, era suficientemente buena como para que aquel patán nunca en la vida llegase a advertir que se trataba de una copia.

Más tarde intentaría recuperar su cuadro. Removería cielo y tierra hasta encontrarlo. También tendría que dar un escarmiento a su tripulación. Le dijo al capitán que quería saber quién era el vigilante dormido de aquella maldita noche. Le daría más tarde instrucciones precisas de qué hacer con el culpable después de salir del puerto.

Ordenó que embalasen adecuadamente el cuadro y envió al mejor de sus hombres para llevarlo a la Casa Blanca con una carta de su puño y letra. Pocos días después, Daniel Tropp desembalaba la copia de la tabla de Leonardo da Vinci en su dormitorio de la Casa Blanca. Nadie más podía enterarse de que la tenía. Tendría que ocultarla en su caja fuerte y esperar un tiempo prudencial antes de lucirla ante sus amigos, como realmente le apetecía.

Durante un tiempo la tendría a buen recaudo y ni por un momento sospechó que le habían dado gato por liebre.

Capítulo 15:
El secuestro

El comandante Dimitri Kurulenko había recibido el informe de Andrei Chomki de la sorprendente captura de la joven Maggie. Esto era un delito de secuestro, pero en ese momento solo le preocupaba solucionar de una vez por todas aquel problema del portafolio del periodista saudí que nunca conseguían enterrar definitivamente, tal como Tropp le había pedido al presidente Poulev, y así se lo habían ordenado a él.

Kurulenko llamó a Andrei, su hombre sustituto de Igor Melenkov, y le dio órdenes solo verbalmente para que este las memorizara. No quería dejar rastro de un delito tan grave.

Las órdenes del comandante fueron las siguientes:

—Póngase en contacto con nuestro consulado, donde esperan su llamada, y dígales dónde se encuentra usted y que le envíen a alguien con quien pueda resolver el problema. Ustedes deberán alquilar un yate mediano en un punto discreto de Long Island con capacidad para navegar a través del Atlántico hasta cerca de Groenlandia, y les daremos las coordenadas de un punto donde podrán entregar el paquete, y, a continuación, regresar a puerto. Todo esto sin intrusos de ninguna clase. Eso es todo.

Andrei llamó al consulado y pronto llegaba a su apartamento un agente que empezó a organizar la fuga. Tuvo que vigilar a Maggie un par de días. Pedía comida a domicilio y no la dejaba ni un momento a solas. Para su carrera, aquel asunto podía ser el que marcase su futuro, tanto en un sentido como en el otro. Si el resultado era el esperado, su carrera despegaría, pero si algo salía mal, tendría que esperar lo peor.

A los dos días, Andrei y el agente del consulado bajaban a Maggie a las tres de la madrugada para subirla a un coche y viajar con ella hasta los *Hamptons*. Allí les esperaba un yate de alquiler que los llevaría hasta aguas internacionales, tal como les habían ordenado.

Alex no podía entender aquella extraña desaparición de Maggie, pero se temía lo peor. No había señales de su teléfono móvil. Habló con Igor para intentar hacer algo, pero él tampoco le supo decir nada al respecto. Todo sonaba a un secuestro y no sabían siquiera si Maggie seguía con vida. Tenían que haber previsto el peligro que corrían, pero un exceso de confianza les había jugado una mala pasada. Denunciaron la desaparición ante la policía, pero fueron atendidos fríamente, y los protocolos eran más lentos de lo razonable. La policía esperaría 48 horas antes de ponerse a buscarla. Todo era muy desesperanzador.

Felicia había hecho efectiva la cantidad pactada por el cuadro en cada una de sus tres cuentas corrientes. Un millón en cada una. Pero en aquellos momentos el dinero les importaba muy poco. Lo único que les importaba era cómo recuperar a Maggie. Y lo malo es que no sabían qué se podía hacer.

Alex se arrepentía de no haber hecho desistir a Maggie de todos aquellos planes tan arriesgados. Deberían haberse escondido lejos del alcance de los agentes rusos, que nadie sabía bien cómo, pero intuían que les estaban ayudando.

Felicia se sentía muy culpable por Maggie, y rezaba para que llegasen noticias de ella. Todos mostraban una gran impotencia, pero aún mantenían una pequeña esperanza de recuperarla. Procuraban animarse, pero cada día resultaba más difícil.

Los días parecían eternos, y no llegaban noticias de ninguna clase. El cuadro, cada vez más, parecía estar realmente poseído por un maleficio.

El yate alquilado estaba parado esperando en el punto acordado, en las coordenadas estipuladas, cerca de Groenlandia, a la espera de la entrega del «paquete», tal como les habían ordenado.
De repente, ante ellos emergió un submarino y se acercó hasta el borde del yate. Unos marineros rusos junto con su capitán salieron a la cubierta del submarino, y Andrei le dijo a Maggie que pasara al otro barco. Esas eran las órdenes.

Allí nadie hablaba inglés. Todos se dirigían a Maggie solo por gestos. La llevaron a un camarote que le pareció diminuto, y la dejaron allí durante horas. Nadie le informaba de nada. El submarino empezó a moverse. A Maggie le parecía un lugar horrible. Apenas podía dar uno o dos pasos, y tenía un frío insoportable. Por fin le dieron agua, un poco de comida y unas mantas. Aquel extraño camarote no tenía ventanilla. No pudo salir ni ver la luz del sol en toda la travesía.

Debieron pasar unos cuatro días antes de que el submarino arribase a puerto. Esos días a Maggie le parecieron eternos. La estrechez del submarino y los ruidos constantes resultaban agobiantes. Maggie estaba destrozada. La comida era terrible y casi no la probaba.

Desembarcaron a Maggie envuelta en una manta en una base militar del océano Ártico. Probablemente era en una base en el mar Blanco. Seguía haciendo un frío terrible.

Allí la estaba esperando otro agente de los servicios secretos, que la llevó hasta un tren bastante anticuado y destartalado. Poco después el tren emprendía la marcha.

Maggie y el agente estaban solos en un compartimento y seguía haciendo un frío feroz. El viaje parecía no acabar nunca. Solo divisaban nieve y hielo. La llanura, que nunca se acababa, era completamente blanca, aunque las brumas la desdibujaban. Todo era monótono y como sin vida. La niebla no les dejaba ver muy lejos. Aquello resultaba deprimente. El tiempo parecía detenerse por momentos. Maggie a ratos dormía y de repente se sobresaltaba. El agente no se separaba de ella ni un metro.

Unas treinta horas más tarde, Maggie vio que se estaban acercando a una ciudad que parecía importante. Los barrios muy monótonos se parecían unos a otros. Todo era tristeza y desencanto. Y se iban aproximando poco a poco a las zonas más nobles y céntricas. Finalmente aparecieron unos palacios y, de repente, el tren se detuvo justo antes de entrar a una gran estación.

Maggie pidió ir al cuarto de baño. No podía esperar más. El agente la acompañó y se quedó delante de la puerta vigilando. Maggie estaba desanimada y miraba por la ventana pensando en su mala suerte.

Entonces vio que llegaba otro tren en la dirección opuesta y se detenía justo a su lado. Las dos ventanas quedaron enfrentadas.

Pero la ventana de Maggie parecía demasiado pequeña para un adulto. Maggie sabía lo que le esperaba. Así que no se lo pensó dos veces. Ella estaba muy delgada, y aquella era su única vía de escape.

Se encaramó como pudo, subiéndose al inodoro, y sacó medio cuerpo por la pequeña ventana hasta agarrase a la de enfrente. Consiguió bajarla con esfuerzo y pudo agarrarse con fuerza al otro tren, hasta lograr sacar una pierna y poder empujar con el pie, y con un impulso alocado se coló como pudo por la otra ventanilla, hasta caer de cabeza dentro del tren contrario. Cuando por fin pudo erguirse, ambos trenes se pusieron en marcha, pero en direcciones opuestas.

Maggie vio que en el compartimento solo había una señora de edad avanzada que la miraba con asombro. Maggie le preguntó si entendía el inglés. Pero no obtuvo ninguna respuesta. Ambas seguían calladas mirándose.

El tren volvió a detenerse en una estación cercana y Maggie se apeó sin dudarlo y caminó hasta el exterior de la estación.

Aquella ciudad podía ser San Petersburgo, o al menos eso era lo que ella esperaba.

Al salir intentó orientarse, y caminó hacia lo que parecía ser el centro. Maggie se iba fijando en todas las personas que transitaban. No quería volver a encontrarse con su agente de la KGB. Pero también necesitaba saber dónde estaba. Siguió caminando sin rumbo.

Un poco más adelante vio un puesto callejero de salchichas de Fráncfort y hamburguesas, y se acercó. El vendedor estaba solo y Maggie le preguntó si hablaba inglés. El hombre le contestó que lo chapurreaba un poco. Ella entonces le preguntó si estaban en San Petersburgo.

El hombre contestó que, por supuesto, un poco extrañado.

—¿Pero de dónde sale usted? Claro que estamos en San Petersburgo.

—Es una historia muy larga, no quiero molestarle. ¿Cómo podría encontrar al profesor Boris Naumenkov? Necesito encontrarle con urgencia.

—¿Boris Naumenkov? No le conozco. Pero podemos buscarlo por internet, miraré en *Google*.

Al poco, Maggie tenía la dirección del profesor y ella esperaba que continuase siendo válida. Siguió las indicaciones que le dieron y unos cuarenta minutos más tarde se encontraba delante de una casita de dos plantas.

Maggie se acercó a la puerta y llamó al timbre. Nadie salió a abrirle. Tuvo que esperar un par de horas muriéndose de frío. Estaba congelándose y casi no se aguantaba de pie. Hasta que por fin apareció Boris Naumenkov, que regresaba a casa. ¡Maggie casi lloró de emoción al verle!

—¿Maggie? ¿Eres tú?
—¡Sí, soy yo, profesor! ¡Qué alegría verle!
—Pero ¿qué estás haciendo aquí?

Maggie no tuvo más remedio que contarle toda su situación, tan trágica y desesperada.

Entraron en la casa y por fin pudo entrar en calor poco a poco, y contar toda la historia con detalle. Finalmente, Maggie le explicó que no tenía papeles de ninguna clase, ni teléfono, y le pidió al profesor que enviara un mensaje a Alex para decirle dónde se encontraba y para que buscase la forma de sacarla del país.

Alex abrió su teléfono y de repente vio que tenía un mensaje de Boris Naumenkov. Lo abrió extrañado, pero cuando supo que Maggie se había escapado de los agentes rusos, y se había refugiado en casa del profesor, no supo contener su alegría. No pudo evitar estar durante un rato dando saltitos y haciendo gestos de euforia en todas las direcciones. Cuando se calmó un poco, volvió a releer el mensaje.

¡Maggie estaba viva y se había escapado de sus secuestradores!

El profesor le pedía papeles para Maggie y que fuesen pronto a recogerla. Él la custodiaría mientras tanto, pero en cualquier momento podían descubrirles. Los agentes secretos estarían ya revisando las cámaras de seguridad de toda la ciudad en busca de alguien con su descripción.

Había que tomar las medidas necesarias para anticiparse a los agentes si querían tener una oportunidad. No podían dormirse.

El profesor pensó en la forma menos peligrosa de esperar la llegada de Alex. Le dijo a Maggie que aquella misma noche saldrían discretamente, y se dirigirían a una dacha que tenía junto a un lago a unos ochenta kilómetros al norte de la ciudad. Allí sería muy difícil que dieran con su rastro. Ella no se dejaría ver para nada.

En la ciudad, docenas de agentes estaban ya revisando todas las grabaciones de las cámaras de seguridad de las estaciones y de los lugares más transitados.

La noche resultó lluviosa y oscura. Boris Naumenkov conducía muy despacio por la poca visibilidad. Solo habían dormido cinco horas y se les hizo largo el trayecto. Llegaron a la dacha justo antes del amanecer, que en esta zona y en esa época era muy temprano.

Alex comunicó de inmediato las buenas noticias a Igor y a Felicia. Todos sintieron un gran alivio y se pusieron de inmediato a analizar la situación. Felicia quedó en llamar al padre de Maggie. Igor y Alex se reunieron para planear el regreso de Maggie.

Toda la zona de San Petersburgo debía estar muy vigilada, tanto aeropuertos como estaciones y puerto. Tal vez otro puerto de la zona estaría menos vigilado.

El problema era que la dacha del profesor estaba en una zona de lagos alejada del mar Báltico. Tenían que estudiar el mapa a fondo buscando dónde recogerla.

Conservaban sus pasaportes falsos que todavía podían servirles, incluso el de Maggie. Si los comprobaban minuciosamente podían resultar sospechosos. Era necesario planear algo imaginativo y estudiar la viabilidad *in situ*.

Igor propuso una idea. Quería desarrollarla poco a poco. El *Peipus* es un lago fronterizo, con una orilla rusa y la otra orilla estoniana. Tiene unos cuarenta kilómetros de anchura media, pero en varios puntos las orillas están separadas por un estrecho de menos de un kilómetro. El lago desagua en el golfo de Finlandia a través del río Narva. Este río tiene una anchura media de trescientos metros y cada orilla es de un país. El eje del río forma la frontera entre Rusia y Estonia. La ciudad de Narva pertenece a Estonia y tiene el único puente que cruza el río, y en ambas orillas hay puestos fronterizos.

El plan de Igor era que Alex, menos vigilado por los rusos, examinase *in situ* la orilla rusa del lago, mientras él, en gran peligro de ser descubierto, revisaría la orilla estoniana, donde correría menos riesgos. Ambos señalarían un punto en cada orilla cerca de Narva donde embarcar y desembarcar con disimulo y sin ser vistos. Elegirían los lugares menos vigilados. Una vez señalizados estos dos puntos mediante coordenadas GML, decidirían el momento idóneo. El profesor acercaría a Alex y a Maggie hasta el punto de la orilla rusa, y por otro lado Igor navegaría desde la orilla estoniana en una pequeña motora alquilada y les recogería en plena noche. Regresarían sin más a la orilla estoniana, donde, salvo contratiempos, estarían a salvo.

Lo importante era estudiar bien el tipo de vigilancia de ambas orillas y las naves guardacostas que patrullasen por el lago, por si había alguna rutina que les pudiese ayudar.

Alex pensó que esta era la mejor idea que habían tenido. O al menos la menos mala. Esa zona estaba a unas dos o tres horas de San Petersburgo y debería estar menos vigilada.

Ambos creían que lo mejor sería no perder más tiempo y se pusieron manos a la obra. Igor volaría a Tallin a través de Estocolmo. Alex volaría a Helsinki, y desde allí tomaría un autobús hasta San Petersburgo. De esta forma dejaría menos rastro de su entrada.

Allí Alex contactaría con el profesor y juntos recorrerían la orilla rusa del lago Peipus hasta dar con el lugar apropiado y menos peligroso. Usarían solo teléfonos móviles de prepago.

Ambos rezaron para que el plan les acabase proporcionando el resultado deseado. La pobre Maggie había estado casi una semana en manos de la KGB y merecía ser rescatada.

Capítulo 16:
La evasión

El comandante Dimitri Kurulenko no comprendía cómo Maggie se les había podido escurrir de entre las manos. Antes estas cosas no pasaban. La preparación de los cadetes actuales dejaba mucho que desear. El nepotismo estaba debilitando todos los organismos del Estado. Ahora Kurulenko no tenía más remedio que encontrar a Maggie. Toda su carrera estaba en peligro. Esta sería la excusa perfecta para apartarle del servicio y poner en su lugar a un niñato hijo o nieto de algún general.

Kurulenko distribuyó veinte hombres por toda la ciudad, aunque sabía que muchos de ellos eran simples novatos. Necesitaba un golpe de suerte. Otros doce hombres revisaban sin parar todas las cámaras de seguridad del recorrido que podía haber seguido Maggie. Pero de momento no había ni rastro de ella.

Alex había tomado tierra en Helsinki, y, sin perder tiempo, pidió información de autobuses que se dirigieran a San Petersburgo. Tenía intención de camuflarse entre otros turistas para no llamar demasiado la atención. Le informaron de que en la estación de autobuses de Helsinki podía consultar toda clase de destinos y horarios. Se dirigió hasta allí y compró un billete para la mañana siguiente.

Igor estaba a punto de aterrizar en Tallin. Tenía pensado alquilar un coche para conducir hasta la ciudad de Narva y recorrer la orilla oeste del lago Peipus, sin irse demasiado lejos de esa ciudad, y buscar dónde alquilar una lancha y un lugar discreto donde poder recoger a Alex y a Maggie.

El príncipe Bin Solimán pensaba tomar un avión para volver a Yedda, pero antes tenía que resolver un asunto de su equipo de fútbol. Ordenó al capitán que soltasen amarras y partiesen con destino a Marsella, allí podría resolver el mencionado problema de su equipo, y más tarde tomar un vuelo a Jedda. Aún tardarían unas dieciocho horas en llegar hasta el puerto francés.

Pero cuando se encontraban aproximadamente a mitad de camino entre Barcelona y Marsella, Solimán hizo que el capitán llamase a toda la tripulación a la cubierta.

Una vez que todos se alineaban a lo largo de la borda, preguntó que quién era el vigilante que se había dormido la noche del robo. Bin Solimán miró fijamente el rostro sudoroso del marinero en cuestión y llamó a su guardaespaldas de confianza.

—Quiero que lo arrojéis por la borda delante de todos.

Al cabo de unos momentos, el hombre fue empujado por dos de sus compañeros y abandonado a su suerte en mitad del golfo de León a cincuenta millas de la costa y sin chaleco salvavidas.

La tripulación al completo quedó enmudecida. No se oyó ningún comentario cuando se les ordenó volver a sus puestos. Ahora ya sabían cómo las gastaba su príncipe.

El jefe de prensa de la Casa Blanca llamó al Pentágono porque tenía mala conciencia desde que dispararon a Charles Benson. Pidió que devolviesen cuanto antes el portafolio de Khashmangi a su viuda. Ya habían tenido tiempo de sobra para analizarlo a fondo. Pero solo le contestaron que tenían que consultarlo. Necesitarían una solicitud por escrito. Y de momento la petición quedó congelada. Una petición por escrito dejaría un rastro poco conveniente. Él no había exigido ningún albarán de entrega del portafolio ni nada por el estilo. Así que decidió seguir esperando.

Por otro lado, Felicia había hecho amistad con Rania Muisi. Se encontraban por las tardes en su casa y solían comentar cómo progresaba la comisión de las Naciones Unidas en el caso Khashmangi. Estaban estudiando poner sanciones a Arabia Saudí.

Pero todo se basaba en simples conjeturas y la administración del presidente Daniel Tropp no dudaba en torpedear cualquier acuerdo al respecto.

Rania Muisi volvió a insistir en que ella solamente quería recuperar su portafolio. Eso era todo, tampoco pedía tanto.

Así que Felicia decidió jugar fuerte. Si no les hacían caso y no les devolvían pronto el portafolio, les amenazaría con sacar a la luz la historia completa de todos aquellos documentos de Khashmangi y lo que ello significaba.

Felicia llamó a Max Hoffman nuevamente. Esta vez le dijo que exigía la devolución del portafolio y que si la devolución se demoraba no tendría más remedio que convocar una rueda de prensa y sacar a la luz toda la historia completa del portafolio extraviado, incluyendo todos los documentos.

A continuación, Hoffman telefoneó al jefe de prensa de la Casa Blanca y le puso al corriente de las amenazas de Felicia Hall y de Rania Muisi. Era un gran peligro dejar que salieran a la luz todos aquellos documentos. La prensa está siempre deseosa de historias como esta. No debían dormirse.

Rápidamente el jefe de prensa del presidente volvió a hablar con el Pentágono y les advirtió de lo peligroso que era retrasar la devolución del mísero portafolio ya sin valor alguno. Aquello podría provocar un tremendo terremoto informativo.

Las pretensiones de la tal Rania Muisi en el fondo eran muy razonables. Pero le contestaron que simplemente lo consultarían y en un breve plazo le harían saber algo. Eso acababa resultando exasperante.

Mientras tanto, Alex recorría en autobús el trayecto entre Helsinki y San Petersburgo. Se estaban acercando a la frontera rusa. El autobús estaba lleno de turistas y de estudiantes escandinavos. Él era el único norteamericano. No quería que nadie lo notase, así que decidió sentarse en la parte trasera y no hablar con ninguno de los pasajeros.

Al detenerse en la frontera, un policía de la aduana rusa subió al autobús y fue pidiendo la documentación a todos los pasajeros. Las iba examinando detenidamente una por una, y comprobaba que todo estuviese en orden. Preguntó si alguien tenía algo que declarar. Nadie se dio por aludido.

Así que, después de unos cuarenta minutos, el autobús prosiguió su marcha. En unas tres horas llegarían a San Petersburgo. Alex había superado el primer escollo.

En cuanto llegasen a la antigua capital imperial, se pondría en contacto con su amigo, el viejo profesor emérito.

Uno de los agentes de Dimitri Kurulenko, llamado Sergei, llevaba horas revisando grabaciones de cámaras de seguridad de todo tipo. La fotografía de Maggie que les habían proporcionado era malísima. Parecía un esquimal con el pelo revuelto. Era muy difícil relacionarla con las imágenes que no paraban de examinar convulsivamente. Por otro lado no conseguía dejar de mirar aquellas cintas. Era como una obsesión. Quería ser el primero en encontrar una pista. Si lo conseguía, sus jefes se fijarían en él, su carrera empezaría a brillar. Hasta ahora había pasado casi siempre desapercibido. Pero él era el más tenaz y no cejaría en su empeño de encontrar algo. Se merecía tener un golpe de suerte. No quería desfallecer.

Sergei cambió de cinta y se encontró con otra en la que se veía un puesto ambulante de venta de hamburguesas. Parecía un barrio alejado del centro. No entendía quién había metido aquella cinta entre las que tenía que revisar. No resultaba nada sospechosa. Y de pronto vio una figura poco corpulenta y vestida con ropas demasiado holgadas que se acercaba lentamente al puesto ambulante.

Parecía que hablaba con el vendedor. La toma era un poco lejana, por lo que no quedaba claro de qué hablaban. La conversación se iba alargando y no compraba nada. Solo hablaban y gesticulaban.

De repente, el vendedor le señaló una dirección. ¡Le estaba dando indicaciones! Eso estaba claro. Entonces, la chica le hizo un gesto de despedida y empezó a caminar en la dirección indicada. La cinta pareció congelarse al desaparecer la chica y ya no llegaba nadie más.

Entonces miró la hora de aquella grabación y el número de cámara. La escena estaba grabada una hora después de que Maggie se escapase. El punto donde se había grabado era la cámara de una oficina bancaria en una calle de las afueras de San Petersburgo.

Sergei pensó que, si aquella chica era Maggie, su suerte había cambiado. Le pidió a su jefe permiso para salir a investigar el puesto de hamburguesas. Tomó un taxi y en unos treinta minutos se bajaba frente a la oficina bancaria donde se encontraba la cámara de seguridad que había grabado la escena.

Pero allí no se veía ningún puesto de venta de hamburguesas. Seguramente se había trasladado a otro lugar. En vez de desistir, Sergei se propuso encontrar el dichoso puesto ambulante. Regresó a su despacho y volvió a revisar aquella cinta.

El puesto ambulante parecía ser una furgoneta con un ventanal abierto en un lateral en forma de mostrador y un rótulo en la parte superior. El nombre que figuraba en el rótulo era solamente «Hamburguesas del Zar».

Ahora ya se podía poner un nombre como ese, pensó Sergei, aunque él jamás se lo habría puesto.

Rápidamente, Sergei llamó al ayuntamiento interesándose por el departamento que controlaba los permisos de puestos de venta ambulante. Le dieron un número de teléfono, pero le dijeron que cerraban a las tres y faltaban tan solo cinco minutos.

Sergei llamó sin demorarse y le atendieron con desgana. Le dijeron que revisar los permisos llevaría demasiado tiempo y ahora sería imposible atenderle. Le pidieron que llamase al día siguiente a partir de las nueve. Seguro que a esa hora podrían ayudarle. Eso fue todo.

Sergei maldijo a los funcionarios, que solo pensaban en trabajar lo menos posible y que no consentían perder ni un minuto de su hora de salida. No le quedó más remedio que esperar hasta el día siguiente, tal como le habían sugerido.

Aquella noche Sergei casi no durmió. Le costaba entender a los funcionarios. ¡Él necesitaba encontrar cuanto antes a aquel vendedor ambulante!

Alex se había citado con el profesor delante de su casa. Una vez dentro, Alex le expuso el plan. Pero pidió antes que nada reunirse con Maggie. Aquella espera sin ninguna noticia de ella había sido agotadora. Tantos días sin saber nada de Maggie habían afectado a su sistema nervioso. Así que viajaron durante una hora y media y entraron por fin en la dacha del profesor.

Cuando Alex se encontró frente a Maggie, todas sus emociones estallaron de golpe. Ambos se abrazaron con fuerza y no podían separarse. Alex lloraba de alegría. Ambos no podían contenerse. Estuvieron abrazados un buen rato, hasta que lograron por fin calmarse un poco y separarse.

Maggie necesitaba aquel abrazo igual que Alex. Tantos días en manos extrañas habían destrozado su moral. La experiencia había sido demoledora. Solo rezaba para que la sacasen de allí cuanto antes. Eso ahora era lo más importante. Había que ponerse en marcha sin retraso. Los agentes de la KGB estarían buscándolos sin descanso. Todo su plan perdería eficacia si se demoraban. No había tiempo para el romanticismo. Tenían que ponerse en marcha lo antes posible.

Capítulo 17:
Mohamed

Giorgio navegaba sin prisas de regreso en el *Blue Melody*. Había realizado un buen negocio con este último trabajo, y esto le permitía realizar un regreso relajado.

Pensó en dirigirse a Montecarlo, donde con un poco de suerte conseguiría algún cliente. Y en caso de no encontrarlo, recorrería la costa italiana con espíritu aventurero. Tenía mucha comida y combustible para como mínimo otro mes más.

El tiempo era magnífico. Con un sol nítido en lo alto, sin una sola nube y con el mar como un espejo brillando. Era uno de esos momentos que todo aficionado al mar y a la navegación sueña con encontrar. La placidez era su única compañera. Giorgio disfrutaba gobernando el *Blue Melody*, que con la brisa iba surcando sin esfuerzo un mar transparente.

De repente Giorgio vio algo que le llamó la atención. Había algo flotando a lo lejos, aquello no era normal. Y vio un brazo que se agitaba haciéndole señales. Cierto, era un náufrago que le pedía ayuda. Giorgio se desvió hasta el hombre en cuestión y le ayudó a subir a su lado al *Blue Melody*.

El hombre parecía exhausto. Giorgio le prestó una manta, le dio un poco de agua y esperó a que entrase en calor.

Al cabo de unos minutos, una vez recuperado, el hombre le dijo algo en árabe que Giorgio no entendió, y le contestó en inglés. Aquel hombre chapurreaba el inglés y le explicó que era un marinero del *Semíramis* y que el príncipe de Arabia, Bin Solimán, había ordenado a sus hombres que le arrojasen al agua por la borda en pleno golfo de León, a más de cincuenta millas de la costa y sin salvavidas.

Llevaba un par de horas o más en el agua y no había visto pasar ningún barco, hasta por fin ver acercarse al *Blue Melody*.

Le daba las gracias, no sabía cuánto tiempo más hubiera podido resistir.

Giorgio no daba crédito. Ellos mismos habían estado siguiendo al *Semíramis* hasta Mahón. Y más tarde hasta Barcelona. En ningún momento se imaginaron que algo así pudiera suceder. Hoy en día nadie arroja personas por la borda.

Giorgio quiso saber por qué le habían castigado así. Y el hombre, que dijo llamarse Mohamed, le explicó que estaba de guardia con su arma la noche en que habían robado un cuadro del yate.

Debía de ser un cuadro muy valioso para que le castigasen de esa forma tan cruel.

Giorgio le propuso a Mohamed que se quedase como marinero en su barco hasta que se recuperase del todo y pudiese regresar a su patria. Mohamed se lo agradeció enormemente. Le vendría muy bien poder reponerse y necesitaba descansar por algún tiempo.

Pero su dignidad como marinero había quedado ultrajada sin culpa por su parte, y unas enormes ansias de vengarse del príncipe estaban empezando a forjarse en su mente. Mohamed buscaría la forma de desquitarse, aunque eso le llevase todo el tiempo del mundo. Se juró a sí mismo que más tarde o más temprano intentaría desquitarse.

Por otro lado, Sergei, a la mañana siguiente, volvió a llamar al departamento municipal de permisos para la venta ambulante. Preguntó por un puesto llamado «Las Hamburguesas del Zar». Necesitaba saber si tenía un permiso en regla y dónde podía encontrarlo.

Esta vez le atendieron, siempre sin prisas, pero finalmente le dijeron que «Hamburguesas del Zar» tenía permiso para todo el fin de semana junto al campo de fútbol del Zénit.
Sergei agradeció la información y, sin pensarlo mucho, pidió permiso para salir para ir a investigar al vendedor. Podría ser que recordase algo de la noche de la grabación.

Al cabo de media hora, Sergei se bajaba de un taxi frente al campo de fútbol del Zénit, y, efectivamente, allí mismo estaba el puesto ambulante que él buscaba. Se acercó con decisión al puesto de hamburguesas. Llevaba un pantallazo donde se veía de lejos al vendedor hablando con aquella extraña joven.

—Buenos días, señor, estoy buscando a esta chica de la foto. ¿La recuerda?

El vendedor miró la foto muy borrosa y no supo qué decir.

—Tenemos una grabación de hace dos tardes en la que esta joven se acercó a su puesto y le hizo unas preguntas. Usted también le dio unas indicaciones. ¿Lo recuerda?

En ese momento el vendedor se dio cuenta de a quién se refería.

—Sí, cierto, esta joven me preguntó en inglés si estábamos en San Petersburgo. Yo le dije que de dónde había salido, y ella no me contestó. En cambio, me preguntó por un profesor. Pero no recuerdo el nombre.

—Entonces, ¿qué indicaciones le dio?

—Busqué el nombre del profesor en *Google* y lo encontré. Y le di la dirección y unas indicaciones de cómo llegar a la casa.

—Por favor, vuelva usted a buscar otra vez en su teléfono móvil y mire el nombre que buscó hace dos días y la dirección encontrada.

El vendedor se dio cuenta de que aquello iba en serio y de que lo mejor sería colaborar. De lo contrario podían quitarle el permiso de venta ambulante y no podía permitírselo. En un par de horas empezaría el partido y la gente agotaría todas sus existencias.

Buscó en su teléfono las últimas búsquedas de Google y encontró el nombre del profesor y la dirección.

—La chica buscaba al profesor Boris Naumenkov...

Sergei tomó nota del nombre y de la dirección, y le dio las gracias al vendedor por su colaboración. Al regresar a su despacho se fue directamente a buscar a su jefe. No había tiempo que perder.

Pero el jefe estaba hablando por teléfono y le hizo una señal para que esperara. Sergei tuvo que armarse de paciencia, dado que aquella conversación de su jefe parecía no acabar nunca.

Los minutos iban pasando, lo cual le resultaba exasperante. Una media hora más tarde, Sergei por fin pudo entrar en el despacho de su jefe. Le habló de la cinta, de la chica, del vendedor y del profesor al que se había dirigido la chica. Se llamaba Boris Naumenkov y vivía en la calle Ladoga en el número 477. Podían llegar allí en unos treinta minutos. El jefe tenía un chófer a su disposición y le dijo a Sergei que le siguiera.

Subieron al coche y le pidieron al chófer la máxima discreción. No querían llamar la atención. Tenían que trabajar sin que nadie se enterase de lo que estaban haciendo. A la prensa siempre le gustan las noticias escandalosas, y ellos tomarían todas las precauciones posibles para no resultar sospechosos.

Tampoco sabían bien quién era el tal Boris Naumenkov, ni su implicación, ni si aquella chica era realmente Maggie. Aunque de momento esta era la mejor y la única pista que tenían, decidieron no precipitarse. Llamaron al timbre de la casa del tal Boris Naumenkov. Nadie les contestó. Insistieron, pero siempre con el mismo resultado.

Sergei estaba impaciente. Toda aquella espera le parecía una pérdida de tiempo. Si la chica de la cinta era realmente Maggie, cada minuto le permitiría alejarse de ellos un poco más. Con tantos escrúpulos no la encontrarían nunca.

Sergei se acercó a una ventana trasera, miró al interior y vio que en la casa no había nadie, ni tampoco por los alrededores.

Entonces golpeó el cristal de la ventana con un pequeño tiesto hasta romper el vidrio. Introdujo su mano y abrió despacio. Le hizo una señal a su jefe y ambos se introdujeron disimuladamente en la casa.

No sabían bien lo que buscaban. El ordenador tenía una contraseña que no les permitió abrirlo. Rebuscaron en todos los cajones. Había muchos papeles, pero nada que resultase sospechoso ni nada que le relacionase con la tal Maggie.

Hasta que Sergei vio un libro con un forro. Lo abrió para ver qué contenía. Era un diario. El profesor Naumenkov anotaba todos los días cosas de su vida, y la letra era impecable. Parecía ser muy minucioso.

Sergei se lo enseñó a su jefe y le pidió autorización para requisarlo.

—No se lo lleve, Sergei, simplemente tome fotografías de todas las páginas y cuando acabe nos vamos.

Sergei trabajó afanosamente, y en una media hora terminaron con las casi cien páginas de aquel diario. Cerraron todo discretamente, limpiaron todo su rastro, volvieron al coche y regresaron a su despacho.

Por la tarde, Sergei se quedó leyendo el diario del profesor. Cada vez más aquello le iba pareciendo una auténtica pérdida de tiempo. Pasaron varias horas. Hasta que de pronto leyó algo que le dejó casi fuera de combate.

El profesor hablaba de un viaje a Troya en barco. Describía el *Blue Melody* con mucho detalle. Después, hablaba de un capitán llamado Giorgio, y también de un marinero llamado Alex y de una norteamericana llamada ¡Maggie!

Sí, Maggie, había leído bien. Maggie, joven y norteamericana. Era más de lo que podía esperar. ¡Naumenkov conocía a Maggie!

Sergei corrió para darle la noticia a su jefe, pero era tarde y ya se había marchado. Aquel día todo parecía salirle mal. Otra vez necesitaba armarse de paciencia. Casi no quedaba nadie en el despacho. Sergei se llevó el diario a su casa y lo siguió leyendo bastante rato con mucho más detalle.

El diario se había convertido de repente y por sorpresa en una fuente de información valiosísima. Además de ser su única fuente. Sergei leía sin descanso. Necesitaba encontrar algo más, algo que les permitiese averiguar dónde se escondía la tal Maggie.

Capítulo 18:
El lago Peipus

Alex, Maggie y el profesor se dirigían al lago Peipus. Habían encontrado un punto idóneo para el encuentro en la orilla rusa. Naumenkov conducía desde hacía más de dos horas. Cruzaron la ciudad de San Petersburgo por el centro. Pensaron que en las rondas podían encontrar controles de la policía. Aún faltaban más de dos horas para llegar al río Narva. Habían elegido salir tarde para llegar al lago Peipus de noche, con poca luz y poca gente alrededor.

En junio los días eran muy largos y las noches muy cortas. Hasta las once no oscurecería. Eran las diez y media y tardarían aún bastante en llegar a Narva, donde había un control fronterizo que querían evitar, porque seguramente allí tendrían fotografías de Maggie.

Se dirigirían directamente al punto convenido con Igor, es decir, un bosquecillo junto a unas casas de vacaciones del que ya habían enviado sus coordenadas. En una hora o poco más estarían cruzando el lago por una de las partes menos ancha.

Sergei no podía estarse quieto. Decidió investigar al profesor más a fondo. Empezó mirando en *Google*, pero no encontró nada que le sirviese. Volvió al diario. Quería dar con algo más. Siguió leyendo y leyendo. Hasta que después de un buen rato descubrió que el profesor mencionaba una dacha.

¡El profesor tenía una dacha junto a un lago! Y estaba a menos de una hora de San Petersburgo en dirección norte.

Ya era muy tarde, pero aun así llamó a su jefe. El descubrimiento no podía esperar. Aunque su jefe tardó bastante rato en contestar, por fin lo hizo.

—Sergei, ¿qué sucede? Espero que sea importante.
—Sí, señor, he leído el diario de Naumenkov completo. Este hizo un viaje desde Estambul a las ruinas de Troya en barco en el mes de octubre. ¡En el barco iba la tal Maggie! Se conocen. También he encontrado que el profesor tiene una dacha a una hora de San Petersburgo, saliendo hacia el norte. ¡Pueden estar allí ahora mismo!
—¿Usted sugiere que vayamos ahora a comprobar si están allí?
—Dado que usted tiene chófer, si los encontrásemos allí sería un enorme éxito.
—De acuerdo, Sergei, le recogemos en quince minutos y nos vamos a esa dichosa dacha.

Al cabo de una hora, Sergei y su jefe estaban por fin delante de la dacha del profesor. La rodearon por todos sus lados y les pareció que allí no había nadie. Llamaron a la puerta y no obtuvieron respuesta.

Entonces buscaron la forma de entrar sin llamar mucho la atención. Eran ya las doce de la noche. La puerta trasera era de madera. Sergei pidió permiso para forzarla. Una vez confirmado, Sergei tomó impulso y golpeó la puerta con su pie derecho con un movimiento como de karateca. La puerta cedió y por fin pudieron entrar en la cabaña.

Efectivamente, allí no había nadie. En el fregadero había bastantes platos sucios. Se habían ido con prisas y sin recoger. En la mesa del comedor habían extendido un mapa. Era un mapa del lago Peipus. ¡Esto era una señal! Debían estar planeando evitar los controles fronterizos cruzando el lago Peipus. Pero no sabían por dónde, ni cómo, ni cuándo.

Entonces el jefe de Sergei llamó a uno de sus superiores. Era el único en quien podía confiar en ese momento.

Aquello era suficientemente importante como para permitirse despertarle a media noche.

—Comandante Kurulenko, disculpe que le llame a estas horas de la noche, pero hemos dado con la tal Maggie. Se refugió en casa de su amigo, el profesor Boris Naumenkov. Tenemos una cinta grabada. En casa del profesor no hay nadie, pero hemos encontrado un mapa del lago Peipus. Ahora mismo Maggie puede estar cruzando el lago con dirección a Estonia. Hay que llamar a la patrulla guardacostas para que vigilen en el lago cualquier tipo de barca por pequeña que sea.
—De acuerdo. Descuide, voy a llamar ahora mismo, y muchas gracias por la información. Ha hecho usted un gran trabajo.

Igor había alquilado una lancha, tal como habían acordado, y se dirigía en aquellos momentos al punto señalado por Alex. No quería hacer mucho ruido y navegaba con el motor a muy bajas revoluciones.

En unos minutos llegaría al punto de encuentro. Todo parecía en calma. Se acercó despacio a la orilla. Las casas se veían un poco más lejos. Todo continuaba tranquilo.

Vio cómo desde un bosquecillo le hacían señales con los brazos. Allí estaban Alex y Maggie con el profesor. Maggie, antes de subir a la lancha, se abrazó a Boris Naumenkov para despedirse. Por la edad podría ser su abuelo, pero se habían encariñado de tanto tiempo juntos en la cabaña contándose todos los detalles de la historia de Khashmangi.

Una vez en la barca, vieron cómo el viejo profesor se alejaba de ellos deseándoles suerte y sin poder parar de hacer gestos de despedida. Realmente se había encariñado con Maggie.

El camino de regreso iba a resultarle a Boris Naumenkov muy largo. Estaba otra vez en aquella carretera muy poco transitada regresando a Narva. Desde allí volvería a tomar la carretera nacional hacia San Petersburgo.

Pero el corazón empezó a latirle con fuerza, porque, de repente, y sin saber cómo, se encontraba ante un control de la policía. Eran las doce de la noche, pero alguien les había seguido la pista. El profesor se detuvo y, antes de que pudiese pensar en nada, dos hombres armados le pidieron la documentación.

Igor, Alex y Maggie llevaban ya más de medio trayecto recorrido cuando vieron a lo lejos una patrulla guardacostas con un foco señalando en todas las direcciones. Ellos estaban aún a bastante distancia de la costa estoniana y entonces Igor prefirió acelerar la lancha. El ruido ahora ya importaba poco. Lo importante era llegar cuanto antes a la otra orilla sin que la patrulla les alcanzase. Allí disponían de un coche de alquiler.

El plan era, desde allí, seguir directo al aeropuerto de Tallin en el coche alquilado, y tomar un vuelo muy temprano a Estocolmo.

Cuando desembarcaron, la patrulla se encontraba ya solo a unos quinientos metros de ellos, y seguía buscándolos con insistencia. Se habían escapado por unos pocos minutos. Estonia representaba para ellos la libertad. Pero no podían fiarse. La KGB podía tener hombres infiltrados esperándoles en el aeropuerto de Tallin.

Igor instintivamente cambió los planes. El avión era demasiado obvio. Se dirigió a la estación de autobuses. Abandonaron el coche alquilado allí mismo y a la seis de la mañana tomaban un autobús hacia Riga, en la vecina Letonia. En ese aeropuerto era más difícil que les estuviesen esperando.

Mientras tanto, en el aeropuerto de Tallin, un agente ruso esperaba con su arma a tres jóvenes norteamericanos, los cuales nunca aparecieron, a pesar de tener billetes reservados en uno de los vuelos a París.

Definitivamente, los americanos jóvenes habían desaparecido. No se sabía nada de ellos, ya que no habían reclamado la devolución de sus billetes. Nadie comprendía lo que estaba pasando. Habían desaparecido sin dejar rastro.

Capítulo 19:
Obsesión y venganza

Giorgio y Mohamed se acercaban a Montecarlo. Y de pronto sucedió lo que menos podían esperar. Vieron un enorme yate de color azul marino saliendo del puerto. ¡Otra vez el *Semíramis!*

Ambos se miraron. Mohamed pareció rogar con la mirada.

—Por favor, capitán, sigamos al *Semíramis.* Tengo una deuda pendiente con ellos. No puedo dejar de pensar en lo que me hicieron. Mi honor necesita un resarcimiento.

Giorgio le comprendía perfectamente, y no le importó dar la vuelta y seguir al *Semíramis.* Se lo tomó como unas pequeñas vacaciones. Ahora podía permitírselo. Él también seguía obsesionado con el superyate. Aquello se le había contagiado y quería saber más.

El profesor Naumenkov al cabo de dos días estaba sentado en el despacho de la KGB de San Petersburgo ante un agente al que no conocía. Le hacían preguntas muy directas que no comprendía de dónde las sacaban.

—¿Viajó usted a las ruinas de Troya en un barco llamado *Blue Melody*? ¿Estaba con usted una joven norteamericana llamada Maggie?

Lo sabían todo. No valía la pena negarlo. Naumenkov asintió.

—¿Ocultó usted a la joven Maggie en su dacha los últimos tres días?

—No es que la ocultara. Ella me visitó y yo la llevé allí para enseñarle mi refugio de vacaciones.

—¿Trasladó usted a la joven americana al lago Peipus?

—Ella quería conocer Estonia y la acompañé hasta el puente de Narva. Supongo que ahora ella debe estar visitando Estonia.

—En el control de Narva no vieron a ninguna joven americana. Lo hemos comprobado. ¿Qué fue lo que hizo usted realmente?

—No sé qué más quieren ustedes que les diga. La dejé en la frontera. Y no sé nada más.

—Si nos miente, cometerá usted un delito contra la seguridad nacional. Eso puede costarle muy caro. Piénselo bien. ¿Acercó usted a la joven al lago Peipus para que alguien la pasara a la otra orilla? ¿Quién más ayudó a la chica? ¿Tal vez su novio Alex?

Esto era demasiado. Lo sabían todo. No tendría más remedio que confesar al menos algo que no le comprometiera.

—Hice amistad con aquellos jóvenes en un viaje a Turquía. Me han visitado y se han marchado. No sé nada más. Ni entiendo lo que buscan.

El agente no parecía cansarse de hacerle preguntas. Las repetía machaconamente. Necesitaba pruebas concretas de que el profesor había colaborado con una fugitiva que se les había escurrido de entre las manos.

Pero el profesor tenía también mucho tiempo. No dejaría de repetir su versión hasta que le dejasen en paz.

El príncipe Bin Solimán había solucionado el contrato de compra de armas, tal como sus generales le habían pedido. Ahora le había llegado la hora al cuadro. ¿Quién podía estar detrás de aquel robo?

Pensó que alguien en Menorca podía investigar y averiguar algo. Le pidió a su capitán que pusiera de nuevo rumbo a Mahón. Allí empezaría a investigar aquel extraño robo, que para él era una gran humillación.

Al día siguiente se encontraban otra vez a la entrada del puerto de Mahón, un lugar realmente hermoso. La rada es muy alargada y queda totalmente protegida del oleaje.

Aquella isla tenía un encanto especial. Además, allí vivía un príncipe catarí compañero suyo de estudios. Pensó que nada más llegar se pondría en contacto con su amigo para ver cómo podía investigar el robo.

El *Blue Melody* continuaba siguiendo al *Semíramis discretamente* y a cierta distancia. Al poco tiempo amarraban nuevamente en la parte final del puerto de Mahón, justo en el mismo lugar que la primera vez.

Desde el velero vieron cómo el príncipe desembarcaba y se dirigía a una limusina que le estaba esperando. Mohamed se preguntaba adónde iría el príncipe esta vez. Intentó seguir con la mirada el rumbo que tomaba el coche, pero muy pronto la limusina se escondió detrás de unos edificios y dejó de verse.

Bin Solimán se dirigió a casa de su amigo catarí. Al encontrarse ambos, se saludaron muy efusivamente, y después de ponerse al día con sus recuerdos de juventud y un rato de animada conversación, el príncipe le preguntó a su amigo si conocía a algún detective privado de la isla que le pudiese ayudar de forma muy discreta con un robo que habían cometido en su barco en el puerto de Mahón.

Así fue cómo el príncipe conoció a Toni Palmer, un detective privado menorquín que tenía fama de ser el que resolvía los casos que otros no eran capaces de resolver. El príncipe se citó con él al día siguiente en el barco, y en cuanto llegó le hizo pasar a su despacho, donde solo entraban muy pocas personas y siempre solo de su máxima confianza.

—Me han dicho que usted descubre cosas que nadie más puede descubrir. ¿No es cierto?

Toni Palmer hablaba fluidamente en inglés, y además hizo gala de un sentido del humor típicamente isleño, y dijo:

—Si lo dicen, debe ser por algo. ¿O no?

—Necesito que averigüe usted una cosa para mí, pero es algo que nadie más debe saber. Solo usted y yo estaremos informados. Nadie más lo sabrá. Así tiene que ser.

—Para mí eso es lo habitual. No me sorprende en absoluto lo más mínimo.

—Verá usted, en este mismo despacho yo tenía hasta hace pocos días un cuadro de Leonardo da Vinci llamado el *Salvator Mundi*.

Pero hace una semana alguien entró por la noche, anestesiando a toda la tripulación, y le dio el cambiazo al cuadro por una copia bastante buena, pero de un tamaño algo mayor que el original.

»Yo estaba en Washington por negocios, y al regresar me encontré con la copia sustituyendo mi cuadro. Me habían robado el original. El barco estaba exactamente donde está ahora, y no sabemos quién pudo ser. Las cintas de las cámaras de seguridad solo muestran unas sombras de dos hombres vestidos de negro y con máscaras antigás, y resultan del todo irreconocibles.

—¿Exactamente, qué día robaron el cuadro?

—El día 22 de mayo. Muy poca gente sabía que el cuadro estaba en este despacho. No entiendo cómo pudieron preparar el robo, ni tampoco cómo consiguieron una copia tan buena los que nos dieron el cambiazo.

El detective menorquín ya había oído hablar del *Salvator Mundi* y conocía su precio de adjudicación de cuatrocientos cincuenta millones de dólares.

Pero de momento no encontraba pistas para rastrear a los ladrones. Además el cuadro era invendible.

Tenía que dejar que su mente fluyera durante toda una noche, dejando que su subconsciente analizase todos aquellos datos, y al día siguiente intentaría preparar un plan de acción que pudiese satisfacer al príncipe.

—Por cierto, ¿dónde está la copia del cuadro ahora?

—Me la pidió un amigo y se la entregué.

—¿Conserva usted una fotografía de cada cuadro?

—Solo la del original. Aquí la tiene.

—Mañana mismo me pondré a trabajar. Vendré a verle y espero poder ofrecerle un plan. Y, por cierto, necesitaré una provisión de fondos.

Al príncipe le pareció que aquel detective era una persona aparentemente fiable y le dijo que sí a todo, recordándole la necesidad de máxima discreción. Así que quedaron en verse al día siguiente y se despidieron.

Capítulo 20:
Esfumados

Andrei Chomki estaba nuevamente en Nueva York. Le habían ordenado buscar a Igor Melenkov. Algo debía haberle pasado, o podía haber desertado y era necesario capturarle.

En ambos casos era necesario encontrarle costase lo que costase. Pero por más que revolvía todo el apartamento no sabía cómo empezar ni por dónde empezar. No tenía nada que le permitiese averiguar su paradero.

Maggie se les había escapado. Igor no daba señales de vida. Él había recorrido ya toda la Universidad de *Columbia* buscándole sin el más mínimo éxito. Su desaparición era un misterio. Su teléfono estaba permanentemente apagado. Sus tarjetas inactivas desde el día de su desaparición. Sencillamente se había esfumado o se lo había tragado la tierra.

De repente, le llegó un mensaje de su jefe en el que le decía que Maggie podría estar de nuevo en América. Andrei debía investigar dónde podría esconderse. No le dieron más datos. La cosa se iba complicando cada vez más.

Igor, Alex y Maggie pensaron que si regresaban a casa volverían a ser un blanco fácil para quien los buscase. Así que tenían que pensar en algo diferente. Habían volado desde Riga a Ámsterdam, y allí se sentían seguros, porque los billetes de avión los obtuvieron con sus pasaportes falsos y los pagaron con las tarjetas de Felicia, cosa que no dejaba mucho rastro.

Igor quería enviar un *whatsapp* al viejo profesor para ver cómo estaba, pero Alex y Maggie le dijeron que de momento no debían correr riesgos. Esperarían a que todo se calmase antes de contactar con el viejo profesor.

Lo que sí que hicieron fue llamar a Felicia y al padre de Maggie. La noticia de su rescate era tan buena que no dudaron en dársela cuanto antes.

Pensaban tomarse unos días de vacaciones hasta que el peligro de ser reconocidos dejase de existir, o por lo menos amainase. No les convenía usar sus propias tarjetas de crédito por el momento. Y a Felicia no le importó seguir financiándoles para evitar que dejasen un rastro fácil de seguir.

Entonces Alex pensó en llamar otra vez a Giorgio. Para él los barcos eran una pasión. Y el *Blue Melody* era ya para él su velero favorito. Tanto la excursión a las ruinas de Troya como la aventura del *Semíramis* le traían buenos recuerdos.

Pensó que ellos ahora podrían dedicarse por un tiempo a recorrer el Mediterráneo. Allí seguro que nadie los encontraría.

Así que Alex volvió a marcar el número de Giorgio, que se puso muy contento de volver a escucharle.

—Giorgio, ¿por dónde andas ahora?

El capitán le contó cómo había rescatado a Mohamed en el golfo de León, y cómo habían seguido al *Semíramis* otra vez hasta Menorca.

—¿Estáis los dos solos en Menorca?

—Exacto. Mohamed me lo pidió y yo le comprendí. A los dos nos obsesiona el *Semíramis*.

—¿Podrías escondernos por un par de semanas? Ya sabes que te pagaremos bien.

—Por supuesto, estaré encantado. Vosotros ahora sois mis mejores clientes. Pero Mohamed sigue aquí conmigo, ¿comprendes?

—Eso no importa. Nos apetece conocer a Mohamed y su historia, y después recorreremos el Mediterráneo durante unos días. Te avisaremos en cuanto lleguemos a Mahón. Hasta pronto, Giorgio.

Mientras tanto, el presidente Daniel Tropp había invitado a unos viejos amigos de Florida a visitar la Casa Blanca. Era un fin de semana de primeros de junio y los rosales estaban en plena floración. Todo relucía tal como al presidente le gustaba. Sus amigos llegaron puntuales. Tenían muchas ganas de conocer la famosa residencia oficial para luego poderlo contar.

El propio Tropp les recibió a la entrada. Lo que más le gustaba de su cargo era poder presumir de su poder y de su envidiable posición. En aquel momento, el presidente parecía un pavo real con todas sus plumas desplegadas. El grupo fue recorriendo las estancias principales hasta detenerse finalmente en el famoso despacho oval, donde tenían preparado un lujoso aperitivo muy completo.

Las copas hicieron que el ambiente les recordase a sus años estudiantiles, y el propio presidente, un poco más alegre que los demás, quiso dar entonces un golpe de gracia que dejase a todos sus amigos con la boca abierta.

Les dijo que les tenía preparada una sorpresa exclusiva para ellos. Salió del despacho, y a los pocos minutos regresó con una tabla bajo el brazo.

El presidente se paseó de un lado a otro por toda la habitación contorneándose teatralmente, y, finalmente, con un gesto como de mago que saca un conejo del sombrero, levantó la tabla y la fue girando despacio, hasta que al final todo el mundo pudo verla y reconocerla. Tachín, tachín...

Un murmullo de admiración resonó por toda la habitación. El *Salvator Mundi* lucía esplendoroso. El *sfumatto* le daba un toque casi mágico. La atmósfera parecía angelical. Los invitados se quedaron enmudecidos.

Pero uno de los asistentes era marchante en arte, y miraba al cuadro con unos ojos muy distintos que los demás. Entonces lanzó una pregunta inesperada:

—Señor presidente, ¿cómo ha conseguido usted ese cuadro?
—Lo he comprado por cuatrocientos cincuenta millones de dólares...
—Señor presidente, creo que le han engañado.
—¿Cómo dice usted? ¡Imposible!

Entonces, el amigo experto en arte sacó una cinta métrica, se acercó al cuadro y lo midió. Enseñó a todos el resultado:

—Veinte pulgadas. Pero es que el auténtico *Salvator Mundi* mide solo dieciocho pulgadas, señor presidente.

Un ruido sordo llenó de repente la estancia. Los invitados no podían dejar de murmurar y se miraban unos a otros sin entender nada.

El presidente se levantó con un aire de triunfador y dijo:

—Cierto, yo ya lo sabía, solo quería ponerles a prueba. ¿A que es una buena copia? ¿No les parece?

Todos rieron lo bromista que era el presidente. Siempre tenía estas salidas que nadie esperaba.

Cuando acabó la visita, el presidente dijo que no tenía ganas de comer y se encerró con una botella de *whisky* en su habitación.

El maldito Bin Solimán se la había jugado, y con un descaro que superaba todo lo que hubiera podido imaginar. Le envió un correo electrónico que sonaba como un ultimátum: «El cuadro es una copia, y ni siquiera es del mismo tamaño que el original. Las armas se retrasarán, si es que todavía las quiere, pero antes ¡devuélvame mi cuadro!».

Bin Solimán casi se atragantó al recibir aquel mensaje. Creía que el patán de Tropp nunca se iba a dar cuenta del cambiazo. Y sus generales esperaban los carros de combate con urgencia. Tenía que resolver aquello cuanto antes.

Llamó a su detective menorquín y de repente se sintió muy mal. No podía creer lo que le estaba pasando. ¡Estaba en manos de un detective menorquín desconocido y necesitaba imperiosamente recuperar un cuadro de cuatrocientos cincuenta millones de dólares! Era una situación catastrófica.

Cuando al día siguiente Toni Palmer se sentó otra vez ante el príncipe, este le preguntó con impaciencia que cuál era su plan, sin dejar de repicar con sus dedos en la mesa muy, pero que muy, nerviosamente.

El detective isleño hizo un gesto que se parecía al del famoso *Pensador* de Rodin y, haciendo honor al nombre de isla de la calma, se quedó meditando un buen rato, sin la más mínima prisa.

El príncipe no podía esperar eternamente y se movía en su asiento impaciente. Aquello parecía eternizarse y empezaba a ponerse nervioso. Mallorca es conocida como la isla de la calma. Pero Menorca en eso le lleva mucha ventaja. Calma lo que se dice calma era lo que desayunaban los menorquines todos los días de su vida.

De repente, el detective por fin salió de aquella especie de trance, y dijo de una forma muy solemne, con la típica paciencia isleña tan irritante:

—Hay un posible camino que creo yo que deberíamos investigar. La copia del cuadro la encargaron los ladrones. Pero lo importante es: ¿a quién se la encargaron?

Los ojos del príncipe volvieron a brillar. De repente veía la luz al final del túnel.

—¿Y cómo averiguaremos quién hizo la copia?

El pequeño detective isleño dijo:

—Esta misma mañana, mientras desayunaba, he hablado con un amigo mío, un anticuario barcelonés llamado León Leví, experto en arte antiguo, y le he preguntado dónde podía encargar una buena copia de un cuadro de Rafael o de Velázquez. Me ha contestado que hay varios especialistas en reproducir cuadros clásicos. Pero el mejor de todos, que además es muy legalista y solo reproduce cuadros a un tamaño diferente del original, tal como exige la ley internacional, vive en La Haya. Usted me dijo que su copia era algo mayor que el original, ¿no es cierto?

—Sí, así es, solo un par de pulgadas. Pero es mayor ciertamente.

—Pues ese especialista tan legalista vive en La Haya y tengo sus datos.

—Señor Palmer, mañana tomamos el primer vuelo a *Schiphol.* Usted nos acompañará. Espere mis noticias. Le pasaré los datos del vuelo y le recogeremos.

Giorgio y Mohamed, mientras tanto, estaban tomando el aperitivo en una terraza en alto del puerto de Mahón y vieron cómo un helicóptero aterrizaba sobre el Semíramis, y otra vez sin apenas parar se subían el príncipe y su hombre de confianza. Nuevamente despegaban, aparentemente iban hacia el aeropuerto de Menorca.

Mohamed continuaba pensando en su venganza. Giorgio le decía que había tenido suerte una vez, y que no lo estropease todo ahora tomando riesgos innecesarios solo para vengarse. Es conveniente tener mucha paciencia y mucha capacidad para encajar los golpes que la vida te va dando. Pero ya llegará el momento oportuno, en que las cosas te permitan actuar con calma y paciencia. Por el momento era mejor no cometer errores por precipitarse en la venganza.

Esto al pobre Mohamed no le consolaba. Porque el *Semíramis* le obsesionaba. Él había sido un buen marinero y se lo habían pagado arrojándole al mar. Su dignidad no le permitía aceptarlo de ninguna manera. Aunque ya encontraría alguna forma para vengarse del príncipe más adelante. Es verdad, aún no es el momento.

Poco después llegaron a Mahón Igor, Alex y Maggie. La alegría volvió a reinar en el *Blue Melody*. Alex propuso realizar una visita a todas y cada una de las islas Baleares. El Mediterráneo es una caja de sorpresas y estas islas habían resultado ser una de las más agradables.

Mohamed solo pensaba en vigilar al *Semíramis*, pero ahora Alex había alquilado el *Blue Melody*, y ordenó a Giorgio salir a recorrer las islas.

Mientras tanto, en La Haya, el príncipe, junto con su detective y su hombre escolta, llamaba a la puerta del pintor holandés. Les abrió el propio pintor. Era un hombre muy alto y muy delgado. Tenía unos ojos que parecían escrutar todos los detalles. Y les preguntó:

—¿Qué deseaban?

El príncipe tomó la palabra:

—Buscamos una copia del *Salvator Mundi* que está hecha en veinte pulgadas en vez de las dieciocho del original. Fue usted quién la hizo, ¿no es cierto?
—No me está permitido dar detalles de mis clientes. Lo siento, pero no le puedo contestar.
—Solo queríamos saber quién hizo el encargo. Solo eso. Pero no se preocupe, le pagaremos generosamente por esta información, muy, pero que muy generosamente.

—Vuelvo a contestarles lo mismo. No doy detalles de mis clientes.

El detective Palmer se percató de cómo era aquel pintor, y le dijo al príncipe que no insistiese. Él tenía una idea y quería comentarla en privado con el príncipe. Salieron de la casa del pintor y se dirigieron al *Hotel des Indes*, el mejor de La Haya.

Allí, con más calma, el detective le dijo al príncipe que aquel pintor era de los que no dan fácilmente su brazo a torcer. Pero si volvían al día siguiente a primera hora de la mañana, el pintor acostumbraba a estar solo en la casa y, mientras simulaban encargarle otro cuadro, su gorila podría con disimulo desaparecer un momento, entrar en el despacho del pintor y revisar su libro de contabilidad. Allí podrían averiguar quién había pagado la factura del *Salvator Mundi*. Solo tenían que cubrirle las espaldas a su hombre distrayendo al pintor con preguntas vagas y exigencias durante unos cuantos minutos.

Al príncipe le pareció un buen plan y quedaron para reunirse a desayunar todos juntos muy temprano y presentarse en casa del pintor antes de que nadie más llegara.

El pintor holandés tenía un gran aprecio por Felicia Hall. Ella le había proporcionado numerosos clientes y siempre le había pagado puntualmente todos los encargos. Además, él sentía algo por Felicia que nunca se había atrevido a confesar. Felicia era para él una especie de musa.

Así que decidió llamar a Felicia para decirle que un príncipe árabe había estado preguntando por la persona que le había encargado la copia del *Salvator Mundi*. Pero él se había negado a darle esa información.

Felicia tomó nota de aquello y rápidamente se dirigió a su banco para contratar una caja fuerte de más de dieciocho pulgadas. Eso era lo que ella necesitaba ahora. Aún recordaba la extraña subasta del príncipe por el cuadro, los dos asesinatos subsiguientes, y por nada del mundo dejaría que uno de los culpables se hiciera otra vez con el cuadro auténtico de Leonardo.

A la mañana siguiente, los tres hombres volvieron a presentarse en casa del pintor holandés muy temprano, y le encargaron otra copia similar del *Salvator Mundi*, pero querían ver antes una fotografía para saber cómo sería el resultado.

Así que el pintor les hizo pasar a su taller, que era además una gran exposición de todos sus trabajos, y mientras se interesaban por unos detalles completamente nimios, el guardaespaldas salió silenciosamente del taller y en unos minutos regresó y les hizo una señal de que todo había salido según lo previsto.

Finalmente, el príncipe pagó por adelantado la mitad del precio de su reproducción del *Salvator Mundi* y quedó en pagar el resto al recoger su encargo. Sin más, los tres volvieron al hotel.

Allí el guardaespaldas les dijo que una tal Felicia Hall era la que había pagado por el cuadro tres mil euros. Y vivía en Nueva York en un apartamento de la Quinta Avenida, justo frente al Museo Metropolitano de Arte y el Central Park.

Felicia casi no había podido dormir en toda la noche. Era muy probable que el príncipe averiguase que ella había sido la que le había dado el cambiazo a su cuadro. Tenía que hacer algo para protegerse. Entonces comprobó la hora que sería en los Países Bajos y llamó otra vez al pintor holandés para pedirle que le hiciese otra copia más del *Salvator Mundi*, pero esta vez tenía que ser muy urgente y al tamaño exacto del original. Para ella esto era una cuestión de vida o muerte. Necesitaba la copia del mismo tamaño y la necesitaba cuanto antes. Y pagaría por ella cinco veces su valor.

El pintor, conociendo los antecedentes, se dio cuenta de que algo grave estaba pasando, y aceptó el encargo de Felicia, pero le pidió que se lo pagase por mensajero y en efectivo. No podía dejar rastro de aquella venta, ni pensaba dejar su discreta marca por la parte trasera del cuadro tal como acostumbraba.

Pero se puso a trabajar a toda prisa en el encargo de Felicia. No le gustaba nada que aquel príncipe pudiera salirse con la suya. Felicia, en cambio, era la experta en la que más confiaba, y, como hemos dicho, siempre había sentido algo muy especial por ella. Y aún esperaba poder llegar a decírselo algún día.

El príncipe se despidió del detective Toni Palmer en el aeropuerto de Schiphol. Palmer regresaba a Menorca, mientras que el príncipe y su guardaespaldas volaban a Yedda para asistir en dos jornadas al día de las Fuerzas Armadas, en el que su asistencia era imprescindible, dado el estado de salud de su padre y la guerra del Yemen. Esto retrasaría por unos días su viaje a Nueva York.

En Mahón, el *Blue Melody* se disponía a zarpar cuando de pronto recibieron una llamada de Felicia en la que les decía que el príncipe Bin Solimán había localizado al pintor holandés autor de la copia del Leonardo. Y se temía que hubiese averiguado que era ella quien le había encargado el trabajo. Ahora los necesitaba en casa. Por lo menos a Igor. No sabía cómo afrontar aquel peligro estando sola.

Igor les dijo que en aquellas circunstancias él aplazaba sus vacaciones y regresaba a Nueva York. No podía abandonar a Felicia en ningún caso, aunque tuviese que correr el peligro de ser descubierto. Quería estudiar un plan que permitiese desactivar definitivamente todos aquellos peligros que les maniataban.

Alex y Maggie coincidieron con Igor y tuvieron que despedirse de Giorgio y Mohamed, quedando que le llamarían cuando todo aquello se resolviese.

Los tres volaron juntos, primero a Madrid con sus pasaportes falsos, y desde allí al aeropuerto de Newark en Nueva Jersey, donde más difícilmente podrían reconocerlos.

Llegaron a casa de Felicia en un taxi nocturno. Lo habían planeado así. El secuestro de Maggie era aún demasiado reciente y ahora los rusos tenían su retrato.

Felicia los abrazó a todos uno por uno. Les dijo que lo que habían hecho por ella era lo que más la había consolado. Se sentía muy agradecida por todo y los consideraba a los tres como sus propios hijos. Ella había llevado el cuadro de Leonardo da Vinci a una caja fuerte de su banco y había encargado otra copia en Holanda, pero esta vez en el tamaño original, y pronto la recibiría. Era necesario enviar a alguien a La Haya con el dinero en efectivo para recoger el cuadro sin dejar rastro de ninguna clase, ni, por supuesto, facturas. Pero no sabía cómo afrontar el problema con el príncipe.

Por otro lado, les dijo que pensaba nombrarlos herederos. Ellos tres tendrían que hacerse cargo del cuadro cuando ella faltase, con la única condición de que nunca cayera en manos de los asesinos que lo habían utilizado para unos fines tan perversos. Los tres tranquilizaron a Felicia. Le prometieron que nunca permitirían que el cuadro cayera en manos de aquellos asesinos. A ellos también les repugnaba la idea.

Capítulo 21:
Dieciocho pulgadas

Igor les comentó que era necesario analizar poco a poco toda la situación en que ahora se encontraban, como si se tratase de un problema de ajedrez, tal como le habían enseñado en la escuela militar. Esta era la forma de resolver de una vez por todas los problemas que les maniataban.

Pero lo mejor sería por el momento irse todos a dormir y dejar que sus subconscientes buscasen soluciones para cada uno de los problemas que les acuciaban. A la mañana siguiente, después de un buen desayuno, planearían cómo salir de una vez por todas de aquel embrollo, y esta vez tenía que ser para siempre.

Al acostarse, todos ellos se quedaron profundamente dormidos, porque necesitaban recuperarse de tantos contratiempos. Pero las palabras de Igor habían hecho un gran efecto. Saber que dormir les podía ayudar a encontrar la forma de recuperar sus vidas era reconfortante.

La noche tuvo el efecto calmante esperado. Los peligros parecían ahora más manejables, y las ideas brotaban con mayor facilidad y fluidez.

El desayuno también contribuyó a crear un ambiente de bienestar en el grupo. Les gustaba estar juntos y resolver juntos los problemas como un equipo. Era el momento adecuado de tramar un plan.

Igor, sin saberlo, ejercía un mando natural aceptado por todos sin ninguna imposición. Simplemente a todos les gustaba cómo afrontaba los problemas. En los momentos de peligro, los líderes emergen de forma natural sin proponérselo. Y todos estaban deseando ya que Igor les explicase todas sus ideas y su plan. Simplemente confiaban en él.

Felicia les ofreció una última taza de té y llegó el momento de exponer las posibles soluciones que se proponían, se planteaban y se decidían.

Igor les dijo cómo veía él las cosas.

Por un lado, los rusos buscaban a Igor y a Maggie. A él por desertor, y a ella por la información del portafolio. Por otra parte, el príncipe no pararía hasta recuperar su cuadro.

Igor propuso separar ambos problemas. Analizarlos por separado.

Al príncipe podrían simplemente dejarle hacerse con la nueva copia falsa del cuadro sin que supiera que eran ellos los que se lo estaban induciendo.

Y por otro lado, Igor intentaría negociar con su antiguo jefe, el comandante Kurulenko, ofreciéndole discreción absoluta con respecto a toda la información contenida en el portafolio de Khashmangi, a cambio de que cesaran definitivamente en su persecución. Si volvían a sentirse perseguidos, sacarían a la luz todos los papeles de Khashmangi.

Este posible pacto podía interesar a ambas partes. Por un lado, la prensa no conocería nunca el contenido del portafolio, y por otro, ellos podrían volver a sus vidas.

Los papeles quedarían depositados en una caja fuerte de un notario, que tendría instrucciones para divulgarlos a los medios si a alguno de ellos tres le ocurría algo sospechoso. Eso era todo.

Analizaron con calma otras alternativas, pero ninguna conseguía solucionar todos los objetivos, ni neutralizaba todos los aspectos del caso. Así que, después de algunas consideraciones, decidieron seguir desarrollando este plan expuesto por Igor.

¿Quién iría a La Haya a traer el cuadro?

Esta cuestión parecía la más fácil. Alex estaba menos buscado que Igor y Maggie. Era, por tanto, conveniente que fuese él quien viajase a La Haya cuanto antes, con el dinero en efectivo, para disponer de la copia sin más demora. En cualquier momento podía aparecer el príncipe con sus hombres por Nueva York y necesitaban tener el nuevo cuadro falso para aplacarle.

Igor, mientras tanto, hablaría con su jefe y le expondría el pacto, que sería una especie de tregua indefinida y que desactivaría las actuaciones de ambas partes. A ambos se les solucionaban los problemas, y ambos conservaban con qué defenderse.

No sabía si llegaría a resultar convincente. Pero desactivar todo aquello era lo mejor que les podía pasar en ese momento. Igor tenía que pensar en la mentalidad de sus antiguos jefes y ponerse en su lugar. Él sabía muy bien lo poco que les gustaban los desertores. Ahora vería si era suficiente esta oferta de asegurar una discreción absoluta con toda la información del portafolio, a cambio de una completa pacificación.

Así que Igor llamó finalmente a su jefe. Lo que a la vez le situaba nuevamente en Nueva York, pero el portafolio depositado en el notario actuaba esta vez como coraza protectora. Le dijo que solo ellos dos, Maggie y él mismo, conocían toda la información que investigaba Khashmangi, y que la habían depositado en una caja fuerte de un notario, y habían dejado instrucciones de sacarla a la luz solamente en el caso de que les ocurriera algo sospechoso.

Ellos se comprometían a la máxima discreción y a no publicar nada del portafolio, con la única condición de que dejasen de perseguirles de forma definitiva.

Sin rencores, le dijo a su jefe, porque aquello no era nada personal. Nadie es un demonio ni un ángel. Nos toca jugar con las cartas que vamos recibiendo. La vida nos va conduciendo por recovecos impensados, y cada uno tiene que capear con el papel que le ha tocado. Encontrar un portafolio extraviado puede suponer un cambio en tu vida. Pero no es una cuestión solo de ser víctimas o culpables. Los seres humanos somos lo que somos, y eso nadie puede cambiarlo. Pero la desactivación de la información del portafolio quedaría garantizada, y nadie saldría perjudicado.

Dimitri Kurulenko colgó el teléfono y sintió un sudor frío que le recorría la espalda. Le pareció que, con todo este embrollo, él se encontraba entre la espada y la pared. Ahora tenía que exponer aquella propuesta de Igor Melenkov, un desertor, ante sus jefes. Y aquello podía representar su descalabro definitivo si la idea no les gustaba. Era una auténtica ruleta rusa que podía dejarle ante sus jefes en mal lugar.

Aunque, por otro lado, a la vez les permitiría cerrar un caso muy ingrato: el del portafolio de Khashmangi, que ya nunca más les volvería a preocupar.

Pensó en la forma de presentar aquel pacto ante sus jefes, y decidió que la mejor forma era plantear una disyuntiva con dos únicas opciones: una primera opción terrible, en la que la prensa norteamericana sacaba a la luz toda aquella información, y todo lo que ello implicaba. Y otra, que a él tampoco le gustaba, pero que en realidad resolvía el caso definitivamente. Y les dejaría escoger entre ambas opciones expuestas en una pizarra: «Opción A y opción B, elijan ustedes».

De esa forma no les quedaría más remedio que claudicar, aceptar la propuesta de Igor Melenkov, y esperaba que se olvidasen del caso del portafolio para siempre, sin tomar medidas en su contra.

Capítulo 22:
Felicia Hall

Felicia le estaba enseñando a Maggie su colección de arte. Era una gran colección que ella misma había ido ampliando durante años. Tenía desde estatuillas etruscas hasta vasijas griegas del período micénico. Pero, sin duda alguna, lo mejor eran sus cuadros. Le fue explicando uno por uno dónde los había encontrado. Tenía varios cuadros de las mejores pintoras europeas del siglo XVII. Y a Maggie le encantaban las explicaciones de Felicia, que, en realidad, eran como clases magistrales que Maggie absorbía con entusiasmo.

La cosa es que se había establecido entre ambas una conexión poco usual. Y Felicia se sentía por fin otra vez del todo a gusto. Para ella la compañía de una joven estudiante de arte era una bendición.

Y lo mismo le sucedía a Maggie. Que desde la muerte de su madre no había vuelto a sentirse tan bien como ahora con Felicia. A su lado todo le parecía interesante y excitante. Ellas dos juntas disfrutaban de cada momento en su trabajo.

Alex partió para Holanda con el dinero para el cuadro. Y cuando el pintor holandés le abrió la puerta, le dijo que venía de parte de Felicia Hall, y que traía el dinero convenido.

El pintor ya estaba al tanto de todo y le hizo pasar. Al cuadro le faltaba aún un día de trabajo y unas horas de suave horneo para envejecerlo.

Alex le preguntó entonces que dónde podía entretenerse y pasar esas horas, y el artista le dijo que su lugar preferido de la ciudad de La Haya era el *Mauritshuis*, una pinacoteca espléndida, gracias a la cual él se había aficionado a la pintura.

Alex decidió hacerle caso. El día estaba lluvioso y la pinacoteca resultó ser perfecta para refugiarse de la lluvia. Además, Alex se encontró sin esperarlo ante una de las mejores colecciones de arte del siglo xvii del mundo: *La joven de la perla,* de Vermeer; *La ronda de noche* y *Lección de anatomía,* de Rembrandt, y una gran cantidad de cuadros de Rubens, Van Dyck y un larguísimo etcétera. Aquel lugar le parecía mágico. Las horas volaron casi sin darse cuenta.

En ese momento no pudo evitar acordarse de Maggie y en cómo disfrutaría ella en un lugar como este. Sin duda, tendrían que volver algún día a esta pinacoteca tan especial. Realmente se trata de un lugar único para los amantes del arte. Por la tarde, Alex visitó el Palacio de la Paz de La Haya, que resultó ser un edificio precioso costeado por el millonario norteamericano Andrew Carnegie, edificado en 1903, donde pueden negociarse cuestiones fronterizas o de todo tipo entre naciones en la Corte Permanente de Arbitraje, evitando así diplomáticamente posibles guerras, y también la Corte Internacional de Justicia, que actúa contra delitos de genocidio y similares. Esta es, por lo tanto, una institución formidable que debería tener mucho más apoyo de todas las naciones del mundo.

Al día siguiente, por fin, la copia del cuadro estaba acabada y del todo lista para poderse embalar. Alex la recogió y se dirigió directamente al aeropuerto de Schiphol para regresar a Nueva York cuanto antes. Felicia colocó la nueva copia en su dormitorio, en el mismo lugar en el que había estado el cuadro original.

El *Semíramis* continuaba atracado en el puerto de Mahón. Pero recibieron la orden de dirigirse al puerto de Palma de Mallorca. De momento deberían esperar allí nuevas órdenes del príncipe.

Mohamed continuaba pensando en su venganza, pero no encontraba la forma. Cuando vio al *Semíramis* levando anclas, creyó que ya nunca jamás lograría vengarse.

Giorgio tenía que regresar a Estambul y no podía seguir ayudando a Mohamed. Los dos necesitaban regresar a casa. Trabajar en el *Blue Melody* le había hecho mucho bien a Mohamed. Allí, poco a poco, se había ido recuperando. Y a Giorgio le venía bien tener un marinero durante el regreso. Ambos pusieron rumbo a Oriente y dejaron atrás al *Semíramis* y toda aquella historia.

Bin Solimán y su guardaespaldas, pasados unos días, pudieron por fin viajar a Nueva York. Al llegar, buscaron en Christie´s a Felicia Hall. Allí les dieron su número de teléfono. La llamaron y le pidieron consejo para comprar un cuadro. Querían comentarlo con ella. Estaban muy interesados en conocer su opinión.

Entonces Felicia los invitó a tomar un *afternoon tea* en su casa. Cuando llegaron, Igor estaba con ella y los hicieron pasar al salón. El príncipe saludó a Felicia y la felicitó por su colección de cuadros. Y luego le preguntó de sopetón si era ella la que había encargado una copia del *Salvator Mundi* en La Haya. A lo que Felicia asintió diciendo:

—Era un capricho. Le tenía cariño a ese cuadro.

El príncipe entonces le preguntó por el cuadro original robado del camarote de su yate, y ella le dijo que no sabía nada de ese robo.

Pero a continuación el príncipe se levantó, le hizo una señal a su guardaespaldas para que le siguiese, y ambos caminaron con decisión por el pasillo buscando el dormitorio de Felicia.

Entraron sin dudarlo y se encontraron con el cuadro colgado enfrente de la cama, justo donde el príncipe se lo esperaba. Entonces el príncipe sacó una cinta métrica y comprobó las medidas del cuadro.

—¡Dieciocho pulgadas! Este es mi cuadro.

Y sin decir nada más, lo descolgó y se fue con el cuadro debajo del brazo directo hasta la puerta, seguido de su acompañante. Los dejaron marchar.

Todo estaba saliendo tal como habían planeado. El príncipe se había llevado la copia recién llegada de Holanda. El cuadro auténtico seguía en la caja fuerte del banco.

Al día siguiente, Bin Solimán bajó del avión en Washington y se dirigió a la Casa Blanca, donde le dejó el cuadro al presidente Daniel Tropp, que delante del príncipe comprobó la medida con la cinta que el propio príncipe le entregó, y le dijo que ya podía quedarse con la cinta, porque él no la necesitaba más.

Solo necesitaba los carros de combate cuanto antes. Sus generales confiaban plenamente en él, y a él le convenía que siguiesen haciéndolo.

Tropp estaba pletórico. Pensaba ya en cómo impresionaría a sus amigos y admiradores cuando sacase aquel cuadro, que medía, ahora sí, dieciocho pulgadas.

Nadie volvería a ponerle pegas nunca más. Era un Leonardo de cuatrocientos cincuenta millones de dólares. El cuadro más caro jamás vendido. ¡Y era suyo!

Este tipo de cosas eran las que le chiflaban. Solo por esto valía la pena ser presidente. Y se atusó su pelo ondulado, tal como acostumbraba.

Capítulo 23:
Desenlace

Giorgio y Mohamed llegaron a Estambul y allí por fin se despidieron. Mohamed se dirigió al gran bazar donde empezó a preguntar por todo tipo de venenos. Quería aprenderlo todo sobre venenos. Formas de camuflarlos, rastros, rapidez en hacer efecto, etc. A partir de ese momento concentraría todos sus esfuerzos en encontrar el veneno ideal para llevar a cabo su venganza.

El comandante Dimitri Kurulenko llamó a Igor para decirle que la propuesta finalmente se aceptaba. Dejarían de seguirlos, a menos que se publicase el contenido del portafolio. En ese caso, tendrían que ser implacables y no habría posibilidad de pactar nada, ni de negociar nada. Les gustaba decir siempre la última palabra. Esa era una cuestión que no podían evitar.

Felicia Hall llamó a Rania Muisi al Hotel Waldorf Astoria para decirle que le había llegado el portafolio. Pero se lo habían devuelto vacío. No había encontrado ningún documento en su interior. Rania le dijo que pasaría directamente a recogerlo. Y a los pocos minutos se bajaba de un taxi y subía a casa de Felicia.

Cuando Felicia le entregó el portafolio, Rania muy nerviosa lo abrió, metió la mano hasta el fondo, sacó una pequeña navaja de su bolso y rajó con ella la piel de la parte inferior, y con un gesto un poco teatral estiró de una cadena que, al ir saliendo, se vio que estaba engranada con brillantes incrustados. Y la sacó poco a poco hasta poder enseñarla victoriosamente. Rania hizo el signo de la victoria. Por fin tenía el portafolio, un regalo como recuerdo. Pero en la cadena había unos veinte brillantes de cuarenta quilates cada uno, todos perfectamente engranados y ocultos en el doble fondo. Felicia estimó rápidamente que el valor aproximado de aquellos brillantes era de unos dos millones de dólares.

Rania puso una cara de gran alivio. Cuando huyeron de Arabia su prometido había invertido todos sus ahorros en brillantes. Y ahora ella por fin los había recuperado.

Felicia le ofreció a Rania la posibilidad de subastar sus brillantes en Christie´s. Le dijo que conseguiría por ellos unos dos millones de dólares, pero que si mencionaban que eran de Khashmangi, seguramente alcanzarían casi otro millón más. Rania le dijo que quería honrar la memoria de su novio y que por supuesto pensaba mencionar que eran sus brillantes.

Felicia le ofreció celebrar esta recuperación milagrosa sacando de su frigorífico una botella de Dom Pérignon que tenía preparada para ocasiones especiales. Las dos mujeres brindaron y continuaron haciendo planes para enderezar sus vidas.

Igor se reincorporó a sus clases en Columbia y terminó sus estudios. Pero su relación con Felicia siguió siendo asidua y fructífera. Ella le quería como a un hijo. También seguía en contacto con Alex y Maggie. La amistad entre ellos se convirtió en algo a prueba de bomba.

Alex y Maggie siguieron con sus vidas, pero nunca olvidarían todo lo vivido. Su viaje por Europa, el portafolio, los asesinatos, su plan para robar el cuadro, el secuestro y la liberación. Todo quedaría profundamente grabado en sus corazones.

Al regresar a Florida reanudaron sus clases en la universidad hasta que un día apareció un visitante inesperado, su amigo, el profesor Boris Naumenkov, que les explicó que había tenido que huir de Rusia y pedir asilo político en Estados Unidos, porque le habían retirado su asignación de profesor jubilado. Tuvo que vender todas sus propiedades y escapar sin permiso a través del lago Peipus, como ellos, antes de que la KGB pudiera ensañarse más con él.

Pero continuó con la biografía de Heinrich Schliemann hasta concluirla totalmente. Más tarde consiguió vender los derechos cinematográficos del *biopic* a una compañía de Hollywood por una gran suma.

Florida era realmente el país de los sueños y de la abundancia, y el clima era mucho mejor que el de Rusia. De eso no había la más mínima duda.

Todas las investigaciones sobre el portafolio de Khashmangi quedaron definitivamente enterradas. Nunca se publicó nada de ellas. Los presidentes Tropp y Poulev siguieron gobernando y conduciendo al mundo a un lugar nunca visto.

Al terminar sus estudios, Igor consiguió legalizar su situación acogiéndose al estatuto de refugiado político, y, una vez logrado, fundó una oenegé destinada a la asistencia de refugiados. Esta era la forma que escogió para purgar sus pecados.

Maggie finalmente entró a trabajar en Christie's de Nueva York como ayudante de Felicia. Aquel era un trabajo que le encantaba. Además, Felicia la acogió en su apartamento, desde donde iban todos los días caminando a la galería.

Alex se asoció con Giorgio y montaron una empresa de búsqueda de tesoros en pecios submarinos, que era su sueño desde niño. El *Blue Melody* fue completamente adaptado para ese fin.

Mohamed regresó a Arabia, concretamente a Riad, y se ofreció para trabajar como ayudante de cocina en el Palacio Real. Eso formaba parte de su plan para continuar con su venganza. Trabajaba codo a codo con el jefe de cocina y con el tiempo hicieron una gran amistad. Mohamed le ayudaba en todo y el jefe poco a poco se apoyaba en Mohamed cada vez más sin darse apenas cuenta.

Un día, el príncipe heredero Bin Solimán visitó a su padre enfermo, y mientras ambos charlaban les ofrecieron una taza de té, que al príncipe le gustaba muy cargada.

Unas horas más tarde, estando ya en su casa, el príncipe empezó a encontrarse mal. No sabía lo que le pasaba, pero hizo un gran esfuerzo para caminar hasta sus habitaciones. De repente cayó al suelo desmayado y ya no pudieron hacer nada más por él. Había muerto sin saberse la causa y de una forma muy extraña. En la investigación tuvieron que hacerle la autopsia, que reveló una sustancia tóxica muy rara como causante de la muerte. Nadie sabía quién y cómo había envenenado al príncipe.

Mohamed discretamente había desaparecido del palacio y tomado un vuelo a Estambul. Desde allí logró volar a Nueva York, donde contactó telefónicamente con Giorgio. Este le dijo que Igor tenía una oenegé que asesoraba a refugiados políticos, y los puso en contacto.

Igor enseguida preparó una estrategia para conseguir el estatuto de refugiado político para Mohamed, y una vez conseguido lo incorporó como ayudante en su empresa. Sus conocimientos de árabe e inglés les serían muy útiles. También le consiguió nueva documentación con un nombre falso.

Maggie conocía la terrible historia de Mohamed y se acordaba de él perfectamente. Un día se acercó a las oficinas de Igor para saludar a Mohamed. Estuvieron charlando de cómo había conseguido integrarse en su nuevo trabajo. Cuando llegó, Igor se acercó a Maggie y se saludaron con un abrazo. Ambos se tenían un gran afecto y llevaban casi un año sin verse. Pero Maggie, sin poderlo evitar, se sintió un poco cohibida. El abrazo de Igor había sido tal vez demasiado intenso y le había hecho sentir que su corazón latiese casi saliéndose del pecho. Maggie confiaba en que Igor no hubiese notado nada. Tenía la sensación de que se ruborizaba por momentos, y que todos percibirían su turbación. Por eso decidió que lo mejor era dar una excusa y desaparecer.

—Felicia me está esperando. No puedo retrasarme. Gracias por todo, pero tengo que irme…

Igor también había sentido algo especial y tuvo que hacer un esfuerzo por contenerse. Maggie le había gustado desde el mismo momento en que se conocieron. Pero ella era la amiga de Alex, y esto era para él un muro infranqueable.

Pensó que cuando volviese a ver a Maggie tendría que ir con más cuidado. No quería generar otra situación incómoda. Pero no podía ocultar que aquella chica le gustaba, porque le gustaba mucho. No podía negarlo.

Los días pasaban y el trabajo ocupaba todo el tiempo de Igor. Pero nunca conseguía apartar el recuerdo de Maggie de sus pensamientos.

¿Y si Maggie había prolongado el abrazo más de lo necesario? ¿Estaría ella sintiendo lo mismo que él? ¿Cómo podía averiguarlo?

Igor necesitaba volver a ver a Maggie para oír su voz sensata y encantadora. Había momentos en los que lo tenía todo controlado. Pero su trabajo le dejaba ratos disponibles. Mohamed era un ayudante casi obsesivo que resolvía todos los asuntos del papeleo. Y cada día a media tarde Igor se acostumbró a pasear. Tomaba el metro hasta el centro y recorría Central Park de arriba abajo. Cada tarde encontraba rincones nuevos. Cuando el tiempo acompañaba era un lugar delicioso para sus paseos.

Una tarde de primavera, Igor regresaba del paseo, y a la salida del parque se encontró de frente con Felicia y Maggie.

—¡Igor, hijo mío, qué alegría verte, cuánto tiempo!
—¿Cómo estás, Felicia? También me alegro de veros.
—Vente a casa, Igor, estás invitado a un té y unas pastas. Tienes que contarnos cómo va tu empresa, y ponernos al día de muchas cosas más.

Igor miraba de reojo a Maggie, como pidiendo permiso. Ella le animó asintiendo con un gesto. Y caminaron juntos con calma hasta casa de Felicia. Nada más llegar, en pocos minutos, un *afternoon tea* muy completo lucía en la mesita de centro del apartamento de Felicia. Alrededor, un ambiente acogedor hacía que el momento resultase perfecto.

Felicia le dijo que no podía ser que se viesen tan poco. Tenían que organizar reuniones fijas como mínimo una vez al mes para no perder el contacto. A ella no le importaba nada ofrecer su casa. Porque no quería que pasasen meses sin apenas verse, ni depender solamente de encuentros fortuitos como aquel. Así que les propuso que el primer lunes de cada mes les ofrecería una merienda-cena en su casa, no muy tarde, como cita obligada, además de otras que pudieran ir surgiendo.

A Igor y a Maggie les pareció bien. Los lunes cerraban *Christie's* y acostumbran a ser días en principio con pocas actividades. En cualquier caso se comunicarían por mensaje si alguien viajaba o si no podía asistir por cualquier otra causa.

La tarde resultó muy agradable para los tres y se fue prolongando hasta la noche. A Felicia y a Maggie les gustaba agasajar a Igor, y él apreciaba mucho todos aquellos pequeños detalles, que por otro lado le abrumaban.

Igor les contó que su empresa le daba grandes satisfacciones. Cada vez que lograba legalizar la situación de personas que lo habían perdido todo por culpa de regímenes autoritarios alejados de los derechos humanos más básicos, él se sentía bien. Y lo mismo le sucedía cuando una persona recuperaba su dignidad gracias a su intervención. Para él todo aquello no era un trabajo, sino más bien un *hobby*, poder ayudar a los más infortunados.

Felicia atendía con interés a todo lo que Igor les iba explicando, y de una forma inesperada le interrumpió con una pregunta poco delicada:

—¿Y de chicas, qué tal? ¿Tienes novia?

Igor encajó la indiscreción, un poco sorprendido, y le contestó que no había encontrado a nadie en ese sentido. Pero que tampoco le preocupaba demasiado.

Entonces Felicia le lanzó otra más de sus pullas:

—¿Qué tal si te llevas a Maggie a bailar esta noche? Ella es joven como tú y vive aquí con una vieja que podría ser su madre. Ambos necesitáis salir a divertiros, y yo lo sé. Y, de hecho, esta noche vais a salir, que no se hable más…

Maggie esperó a ver la reacción de Igor. No quería violentarle. Entonces Igor la sorprendió diciendo que le encantaría salir con Maggie, pero solo si ella estaba de acuerdo. Esto para Felicia fue justo lo que necesitaba.

—Ya podéis poneros los abrigos. No quiero que os arrepintáis. Maggie necesita salir de esta casa. Lo sé muy bien. No quiero que se aburra hablando conmigo solamente del trabajo. Hay que vivir la vida todos los días, y sobre todo su parte más hermosa, que es saber disfrutarla…

A los pocos minutos, Igor y Maggie caminaban callados sin saber muy bien a dónde. Por dentro, Igor pensaba en Alex y en qué pensaría él de todo esto. Pero simplemente salir a bailar no era nada reprochable.

—¿Dónde te gustaría que fuésemos? Porque no conozco locales de moda ni nada por el estilo.
—Tampoco yo los conozco. Pero me gusta pasear. Solo por eso le agradezco a Felicia que me haya dado la oportunidad de salir a dar una vuelta por la *ciudad que nunca duerme* con uno de mis mejores amigos. Podemos pasear sin rumbo y si vemos algún sitio adecuado decidiremos sobre la marcha.

Para Igor era muy agradable también el simple hecho de pasear con Maggie. Sumamente agradable. No necesitaba nada más.

Todo en ella le atraía. Incluso le hacían gracia sus pequeñas manías. No podía negar que aquella chica le gustaba. Lástima de su amistad con Alex.

Maggie miraba de reojo disimuladamente a Igor. A su lado ella se sentía bien. Podía pasar horas así, sin entender bien por qué. Se preguntaba qué estaría pensando él. Y cada vez que Igor la miraba, su corazón latía con fuerza, y tenía que hacer un esfuerzo para controlarlo. Igor había aclarado que no tenía novia ni nada que se le pareciese. Pero a ella, Igor le atraía. ¿Qué debía hacer?

Sin darse cuenta se acercaron a un local con bastante ambiente. A los dos les apetecía bailar y no se lo pensaron mucho. Allí por fin pudieron desahogarse con la música resonando hasta altas horas. Se reían de lo bien que lo pasaban. Cuando volvieron a casa de Felicia no querían que la noche se acabase aún, y se quedaron de pie delante de la puerta. Se miraban pensando qué decir.

Igor le preguntó si quería quedar para otro día, y Maggie le dijo que por supuesto, lo había pasado muy bien y le encantaría repetir.

Igor le lanzó entonces a Maggie una pregunta inesperada:

—¿Quieres saber que veo en ti, cuando te miro?
—¡Cómo no, cuéntame!

—Cuando te miro, veo a una mujer de alma hermosa. Veo cariño, bondad y buen hacer. Contigo me siento bien. Quiero estar a tu lado, porque sabes amar sin medida, como a mí me gusta. Y también quiero, que nuestros corazones, den sus latidos, siempre al mismo compás, el resto de nuestras vidas…

Maggie dudó un momento, No acababa de creer lo que oía. Y luego, se acercó a Igor, y le besó en los labios, suavemente. Igor le devolvió el beso. Y lo fueron repitiendo con más intensidad, hasta acabar abrazados sin poderse separar.

Fue un abrazo profundo. Estuvieron un buen rato así, muy juntos. Ambos lo deseaban y ambos lo necesitaban. Se besaron sin cansarse, una y otra vez, hasta que Maggie preguntó:

—¿Qué nos ha pasado?

—Creo que te ha pasado lo mismo que a mí. No podemos evitarlo. Y siguieron besándose más y más, sin prisas.

Aquella noche quedaría grabada en la memoria de ambos para siempre. Había resultado ser la noche perfecta.

Y cuando se separaron, Maggie pensó otra vez en Alex, y en cómo le afectaría que Igor y ella se juntasen.

Pero Alex seguía obsesionado con sus tesoros por descubrir y ella tenía que pensar en la forma de decírselo sin herirle. Habían estado juntos mucho tiempo y no quería que aquello pudiera afectar a su amistad.

Lo curioso es que Felicia había intuido que había algo en aquella pareja que tenía que surgir más tarde o más temprano. Porque la vida va separando y uniendo a las personas, y lo mejor es no esconder los sentimientos, porque siempre acabarán por salir y hay que ir aceptándolos como lo que son.

Igor y Maggie empezaron a verse todos los días después del trabajo y acabaron viviendo juntos en un apartamento en el *Village*. La vida por fin los había unido y ya no había quien los pudiese separar.

Alex supo aceptar que Igor y Maggie uniesen sus vidas y, poco después, en uno de sus viajes por el Caribe, encontró una novia tan optimista como él, y supo seguir adelante con su vida.

Dimitri Kurulenko acabó destinado a las islas Kuriles sin la más mínima explicación. Solo la Antártida podía ser un destino peor. Su puesto fue ocupado por un joven capitán ruso con muchos padrinos en Moscú.

El presidente Daniel Tropp invitó al presidente Vladimir Poulev a visitar Washington y le homenajeó burdamente ensalzando sus cualidades de gran líder de forma grotesca mientras sus propios votantes asombrados recelaban y no entendían nada.

En el Yemen, dos versiones de una misma religión continuaban masacrándose, con la inestimable ayuda de Irán y de Arabia Saudí.

Felicia finalmente volvió a colocar el cuadro de Leonardo en su habitación. Los cuadros de Leonardo siempre tienen una segunda lectura, y una tercera, y una cuarta.

Felicia sintonizaba con la mente del artista. Observaba cada detalle minuciosamente. Lo miraba cada noche con nuevos ojos. Cada milímetro del cuadro respondía a una cuestión. Todos los detalles le comunicaban algo. El cuadro podía estudiarse durante años y continuarían apareciendo cosas nuevas. A Leonardo le gustaban los signos poco reconocibles, pero Felicia los iba desengranando sin prisas, uno por uno. Y de vez en cuando se le escapaba una risita, casi imperceptible. Se reía de los hombres que sólo sabían medir los cuadros con una cinta métrica...

Y de vez en cuando se le escapaba una risilla, casi imperceptible. Se reía de los hombres que solo sabían medir los cuadros con una cinta métrica…

BANKSI

Índice